하루를 준비하는
아침 5분논술
사자성어

🐟 **아침5분논술(사자성어편)의** 소개

스스로 알아서 하는 아침5분논술로 기운찬 하루를 보내자!!!
매일 아침, 아침밥을 먹으면 하루를 건강하게 보낼 수 있습니다.
마찬가지로, 매일 아침 5분의 어휘 공부는 기운찬 하루를 보내게 해 줄 것입니다.
매일 아침의 훈련으로 공부에 눈을 뜨는 버릇이 몸에 배게 되어,
스스로 공부하는 습관이 생기게 됩니다.
읽는 습관과 쓰는 습관으로 하루를 계획하고,
준비해서 매일 아침을 상쾌하게 시작하세요.

KB065228

🐦 **아침5분논술(사자성어편)의** 활용

1. 아침 학교 가기 전 집에서 하루를 준비하세요.
2. 등교 후 1교시 수업 전 학교에서 풀고, 수업 준비를 완료하세요.
3. 쉬는 시간에 수업 준비 마무리용으로 활용하세요.
4. 기본 한자와 상식 위주의 내용으로 이해하기 쉽게 구성되어 방학 중이나
   학기 중에 활용하세요.
5. 아침마다 생활을 반성하고 하루 일과 준비를 할 수 있는 이 교재로 몇 달 후
   달라진 모습을 기대하세요.

HAPPY 꿈을 향한 **나의 목표**

화이팅!
ㅅㅅ

나는　　　　　　　　　(하)고　　　　　　　　　　한

　　　　　　　　　　　　　　　　　　(이)가 될거예요!

공부의 목표

예체능의 목표

생활의 목표

건강의 목표

 나의 목표를 꼼꼼히 세우고, 목표를 달성하기위해 노력해요^^

으쌰 으쌰!

 공부의 목표를 달성하기 위해

1.

2.

3.

할거예요.

예체능의 목표를 달성하기 위해

1.

2.

3.

할거예요.

 생활의 목표를 달성하기 위해

1.

2.

3.

할거예요.

 건강의 목표를 달성하기 위해

1.

2.

3.

할거예요.

나의 목표를 꼼꼼히 세우고, 목표를 달성하기위해 노력해요^^

매달 응원해요!

SUN MON TUE WED THU FRI SAT

이달의 다짐을 적어보세요!

응원의
한말

일주일 일기장

일요일 저녁에 적으세요.

[   ]월 [   ]일

| 재미있었던 과목 | 친하게 지낸 친구 | 하고 싶은 일 | 잘 못한 일 |

기억에 남는 일

다음주 각오

[   ]월 [   ]일

| 재미있었던 과목 | 친하게 지낸 친구 | 하고 싶은 일 | 잘 못한 일 |

기억에 남는 일

다음주 각오

[   ]월 [   ]일

| 재미있었던 과목 | 친하게 지낸 친구 | 하고 싶은 일 | 잘 못한 일 |

기억에 남는 일

다음주 각오

[   ]월 [   ]일

| 재미있었던 과목 | 친하게 지낸 친구 | 하고 싶은 일 | 잘 못한 일 |

기억에 남는 일

다음주 각오

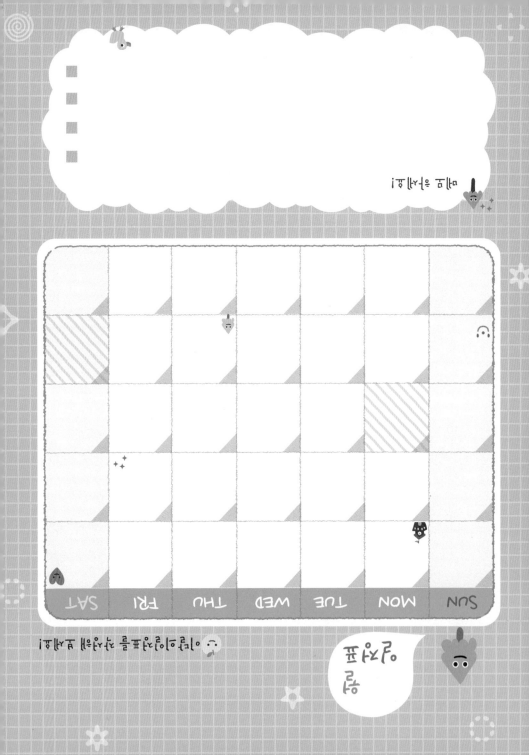

마음을 담아서!

SUN	MON	TUE	WED	THU	FRI	SAT

이달의 이야기들을 정성스레 담아요!

앵무랑
앙콩

일주일 일기장

일요일 저녁에 적으세요.

[　　]월 [　　]일

재미있었던 과목	친하게 지낸 친구	하고 싶은 일	잘 못한 일

기억에 남는 일

다음주 각오 🍎

[　　]월 [　　]일

재미있었던 과목	친하게 지낸 친구	하고 싶은 일	잘 못한 일

기억에 남는 일 🍎

다음주 각오

[　　]월 [　　]일

재미있었던 과목	친하게 지낸 친구	하고 싶은 일	잘 못한 일

기억에 남는 일

다음주 각오

[　　]월 [　　]일

재미있었던 과목	친하게 지낸 친구	하고 싶은 일	잘 못한 일

기억에 남는 일

다음주 각오 🍎

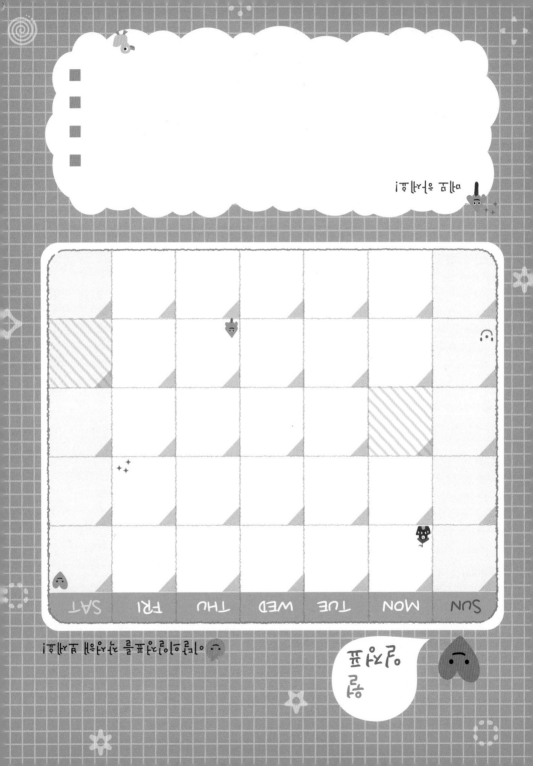

일주일 일기장

일요일 저녁에 적으세요.

[ ]월 [ ]일

재미있었던 과목	친하게 지낸 친구	하고 싶은 일	잘 못한 일

기억에 남는 일

다음주 각오

[ ]월 [ ]일

재미있었던 과목	친하게 지낸 친구	하고 싶은 일	잘 못한 일

기억에 남는 일

다음주 각오

[ ]월 [ ]일

재미있었던 과목	친하게 지낸 친구	하고 싶은 일	잘 못한 일

기억에 남는 일

다음주 각오

[ ]월 [ ]일

재미있었던 과목	친하게 지낸 친구	하고 싶은 일	잘 못한 일

기억에 남는 일

다음주 각오

아침5분논술(사자성어편)의 차례

(부록) 급수별 한자, 예상문제 수록

앞장

1. 오늘 공부할 제목을 읽고 날짜와 시간을 적습니다.

2. 학습할 내용을 소리 내어 3번 읽습니다.

3. 오늘 배운 사자성어의 뜻을 생각하고 읽으면서 한글로 3번 적습니다.

4. 사자성어에 들어간 기본한자를 쓰는 순서에 맞게 적습니다. 적을 때는 '한 일' 이런 식으로 뜻과 음을 소리 내어 읽으면서 적습니다.

뒷장

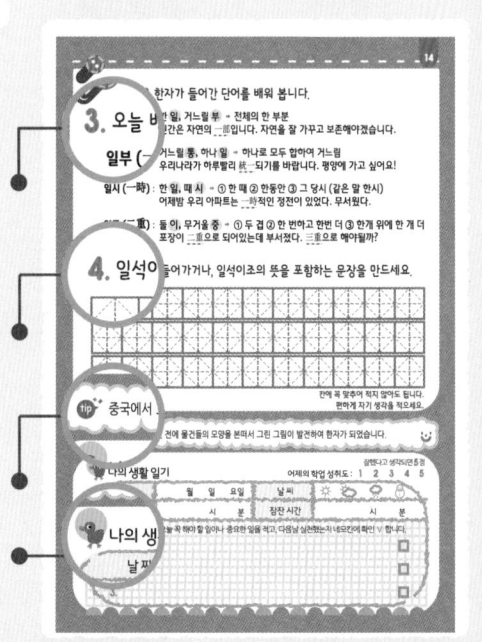

5. 오늘 배운 한자가 들어간 단어를 배웁니다. 한자를 알면 단어의 뜻을 더 잘 이해할 수 있고 우리말을 더 잘 사용할 수 있습니다.

6. 사자성어의 뜻을 적거나 물음에 답하세요. 서술형 문제의 답은 자기의 생각을 바르게 적으면 됩니다. 자신 있게 적으세요!!!

7. 간단한 상식이나, 글을 읽어 보세요.

8. 오늘의 준비에 오늘을 활기차게 보낼 수 있도록 빈칸에 계획을 적습니다.

월 일
시 분

소리내어 읽기

아래 한자와 내용을 꼼꼼히 소리 내어 3번 읽어 보세요.

일석이조

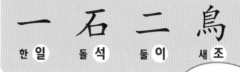

一 石 二 鳥
한 일 돌 석 둘 이 새 조

뜻 : 한개의 一 돌을 石 던져 두마리의 二 새를 鳥 맞추어 떨어뜨린다.

속뜻 : 한 가지 일을 해서 두 가지의 이익을 얻음을 이르는 말

사용법 : 오늘 좋은 일을 했더니 학교에서 칭찬도 받고, 부모님께 용돈도 받았다.

비슷한 말 : 일거양득 一擧兩得 (한 일, 들 거, 두 양, 얻을 득) ➡ 한번 들어서 두 가지를 얻음

> **tip**
> 石 돌 석
> **돌**이라는 뜻을 가지고
> **석**이라고 읽습니다.

소리내어 풀기

1. 흐리게 적힌 글 위에 따라 적고, 옆에 2번 더 깨끗이 적어 보세요.

일	석	이	조								

2. 위에서 배운 한자의 뜻과 음을 읽으면서 순서에 따라 써 보세요.

쓰는 순서 : 一

一							
一							
한 **일**	한 일						

쓰는 순서 : 一 二

二							
二							
둘 **이**	둘 이						

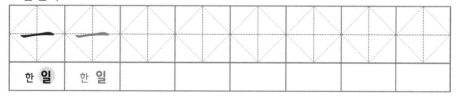

3. 오늘 배운 한자가 들어간 단어를 배워 봅니다. (한자를 생각하며 천천히 3번 읽어 보세요)

일부 (一部) : 한 일, 거느릴 부 → 전체의 한 부분
인간은 자연의 一部입니다. 자연을 잘 가꾸고 보존해야겠습니다.

통일 (統一) : 거느릴 통, 하나 일 → 하나로 모두 합하여 거느림
우리나라가 하루빨리 統一되기를 바랍니다. 평양에 가고 싶어요!

일시 (一時) : 한 일, 때 시 → ① 한 때 ② 한동안 ③ 그 당시 (같은 말 한시)
어제밤 우리 아파트는 一時적인 정전이 있었다. 무서웠다.

이중 (二重) : 둘 이, 무거울 중 → ① 두 겹 ② 한 번하고 한번 더 ③ 한개 위에 한 개 더
포장이 二重으로 되어있는데 부서졌다. 三重으로 해야될까?

4. 일석이조가 들어가거나, 일석이조의 뜻을 포함하는 문장을 만드세요.

_____

_____

_____

tip 중국에서 3500년 전에 물건들의 모양을 본떠서 그린 그림이 발전하여 한자가 되었습니다.

나의 생활 일기

잘했다고 생각되면 **5**점
어제의 학업 성취도 : **1 2 3 4 5**

날짜	월 일 요일	날씨	☀ ⛅ ☁ 🌧 ☃
일어난 시간	시 분	잠잔 시간	시 분

오늘의 point 오늘 꼭 해야할 일이나 중요한 일을 적고, 다음날 실천했는지 네모칸에 확인 V 합니다.

1. 친구생일에 생일선물사기, 집에 몇시까지 꼭 들어오기, 00과목 숙제하기 ☐
00와 몇시에 만나서 00에 가기로 함. 부모님과의 약속, 이발소/미용실 가기,
2. 옷사러 가기, 시험공부하기, 00 책 00페이지 보기, 학습지 밀린거 다하기, ☐
꼭 챙겨야 하는 준비물 적기등등 오늘, 내일의 중요한 일을 적어보세요.
3. ☐

아래 한자와 내용을 꼼꼼히 소리 내어 3번 읽어 보세요.

삼한사온

三	寒	四	溫
석 **삼**	찰 **한**	넉 **사**	따뜻할 **온**

tip
寒 찰 **한**
차다라는 뜻을 가지고
한이라고 읽습니다.

뜻 : 삼일은三 날씨가 차고寒 사일은四 따뜻하다溫

속뜻 : 우리나라의 겨울은 3일가량 춥고 4일은 따뜻한 날이 반복됩니다.

사용법 : 요즘 겨울은 삼한사온 날씨가 아닌 것 같다.

계절관련말 : 봄 ➡ 변덕쟁이, 황사　　여름 ➡ 무더위, 장마, 열대야　　가을 ➡ 천고마비

---

1. 흐리게 적힌 글 위에 따라 적고, 옆에 2번 더 깨끗이 적어 보세요.

소리내
풀기

삼	한	사	온								

2. 위에서 배운 한자의 뜻과 음을 읽으면서 순서에 따라 써 보세요.

쓰는 순서 : 一 二 三

三	三			
석 **삼**	석 삼			

쓰는 순서 : 丨 冂 冂 四 四

四	四			
넉 **사**	넉 사			

3. 오늘 배운 한자가 들어간 단어를 배워 봅니다. (한자를 생각하며 천천히 3번 읽어 보세요)

삼칠일 (三七日) : 석 삼, 일곱 칠, 날 일 → 아이가 태어난 후 21일동안 (3 곱하기 7)
아기가 태어나고 7일(일주일)을 3번 지난 것을 三七日이라고 합니다.

삼자 (三者) : 석 삼, 놈 자 → ① 관련 없는 사람 ② 세사람
우리 말하는데 왜 三者가 끼어 들어서 그래. 가만히 있어!

사계 (四季) : 넉 사, 계절 계 → 사계절(봄 여름 가을 겨울)
우리나라는 四季절이 분명한 나라입니다. 그중 여름을 제일 좋아해요.

한기 (寒氣) : 찰 한, 기운 기 → ① 찬기운 ② 몸이 아플때 추운 느낌
방에 寒氣가 느껴진다. 보일러 켜라.

온기 (溫氣) : 따뜻할 온, 기운 기 → ① 따뜻한 기운 ② 사람의 인정 (사랑의 마음)
방에 溫氣가 없어. 보일러 켜라.

4. 겨울에 있었던 기억나는 일을 적어 보세요. 왜 좋았는지도 같이 적으세요.

_____

_____

_____

_____

_____

_____

tip 한자는 뜻을 훈(訓 가르칠 훈) 이라고 하고, 발음을 음(音 소리 음) 이라고 합니다.

아래 한자와 내용을 꼼꼼히 소리 내어 3번 읽어 보세요.

삼 삼 오 오

三 三 五 五
석 삼   석 삼   다섯 오   다섯 오

一二三四五 tip

뜻 : 셋三 셋三 다섯五 다섯五 (사람이나, 동물)

속뜻 : ① 3인~5인 정도 떼를 지어 있는 모양 ② 몇몇씩 모여 흩어져 있는 모양

사용법 : 사이좋게 삼삼오오 짝을 지어 점심을 먹고 있는 모습이 보기에 좋았다.

비슷한 우리말 : 옹기종기(크기가 다른 것들이 많이 모여있는 모양)

오순도순(정답게 모여서 이야기하거나 의좋게 지내는 모습)

1. 흐리게 적힌 글 위에 따라 적고, 옆에 2번 더 깨끗이 적어 보세요.

삼	삼	오	오				

2. 위에서 배운 한자의 뜻과 음을 읽으면서 순서에 따라 써 보세요.

쓰는 순서 : 一 丆 五 五

五	五				
다섯 오	다섯 오				

쓰는 순서 : ` 亠 六 六

六	六				
여섯 육	여섯 육				

3. 오늘 배운 한자가 들어간 단어를 배워 봅니다. (한자를 생각하며 천천히 3번 읽어 보세요)

오색 (五色) : 다섯 오, 빛 색 ➡ ① 여러가지 색 ② 다섯가지색

오만 (五萬) : 다섯 오, 일만 만 ➡ 아주 많은 수량　참고 오만상➡ 잔뜩 찌푸린 얼굴

오뉴월 (五六月) : 다섯 오, 여섯 육, 달 월 ➡ ① 찬기운 ② 몸이 아플때 추운 느낌

삼십육계 (三十六計) : 석 삼, 열 십, 여섯 육, 셀 계 ➡ 36가지 방법 중 도망가는 방법

五六月쯤에 산으로 소풍을 갔다. 五色 꽃이 산에 많이 피어 있고, 五萬 가지 꽃과 풀이 있는 넓은 잔디밭에서 三三五五 모여 친구들과 재미있는 시간을 보내고 있는데, 갑자기 멧돼지가 나타나 모든 학생이 三十六計 줄행랑을 쳤다.

4. 삼삼오오의 속뜻을 적거나, 들어간 말을 만들어 보세요.

칸에 꼭 맞추어 적지 않아도 됩니다.
편하게 자기 생각을 적으세요.

tip 六 의 訓(훈:뜻)과 音(음:소리)을 쓰라고 하면 여섯 육 이라고 씁니다.

나의 생활 일기

잘했다고 생각되면 **5**점
어제의 학업 성취도 : 1　2　3　4　5

날짜	월　일　요일	날씨	☀ ⛅ ☁ 🌧 ⛄
일어난 시간	시　분	잠잔 시간	시　분

오늘의 point ◁ 오늘 꼭 해야 할 일이나 중요한 일을 적고, 다음날 실천했는지 네모칸에 확인 V 합니다.

1. ☐

2. ☐

3. ☐

아래 한자와 내용을 꼼꼼히 소리 내어 3번 읽어 보세요.

칠 전 팔 기

七	顚	八	起
일곱 **칠**	엎드러질 **전**	여덟 **팔**	일어날 **기**

뜻 : 일곱번七 엎드러져서顚 이마를 찌어도 여덟번八 일어난다起

tip
顚 엎드러질 **석**
이마라는 뜻도
가지고 있습니다.

속뜻 : 실패를 거듭하여도 굴하지 않고 다시 일어난다.

사용법 : 칠전팔기의 의지가 있으면 반드시 성공할 수 있다.

관련 말 : 오뚝이정신 (좌절하고 험한 일을 당해도, 포기하거나 타협하지 않고 생각대로 이룸)

1. 흐리게 적힌 글 위에 따라 적고, 옆에 2번 더 깨끗이 적어 보세요.

칠	전	팔	기					

2. 위에서 배운 한자의 뜻과 음을 읽으면서 순서에 따라 써 보세요.

쓰는 순서 : 一 七

七	七			
일곱 **칠**	일곱 **칠**			

쓰는 순서 : ノ 八

八	八			
여덟 **팔**	여덟 **팔**			

3. 오늘 배운 한자가 들어간 단어를 배워 봅니다. (한자를 생각하며 천천히 3번 읽어 보세요)

칠석 (七夕) : 일곱 **칠**, 저녁 **석** ➡ 음력 7월 7일, 견우와 직녀가 오작교에서 만나는 날
보통 七夕이 지나면 벼가 노랗게 익어가기 시작합니다.

팔자 (八字) : 여덟 **팔**, 글자 **자** ➡ ① 사람의 한평생 ② 한자 八 의 모양 (팔자걸음)
엄마는 바빠서 힘든데 八者 좋게 낮잠만 자는 아들. 못난 놈.

팔방 (八方) : 어덟 **팔**, 모 **방** ➡ 모든 방면 (사방팔방)
상호가 안보인다는 소리에 엄마는 四方八方 찾아 다녔다.

기인 (起因) : 일어날 **기**, 인할 **인** ➡ 일이 일어나는 원인
나의 자신감은 잘생긴 외모에서 起因하였다. 나보다 잘생긴 사람 나와봐.

4. 칠전팔기의 속뜻을 적거나, 칠전팔기 한 경험이 있으면 적어보세요.

_____

_____

_____

_____

_____

_____

소리내 읽기

아래 한자와 내용을 꼼꼼히 소리 내어 3번 읽어 보세요.

십 중 팔 구

十	中	八	九
열 **십**	가운데 **중**	여덟 **팔**	아홉 **구**

뜻 : 열十 중에中 여덟이나八 아홉九

속뜻 : ① 열 가운데 여덟이나 아홉 ② 거의 대부분 ③ 거의 틀림없음.

사용법 : 이 일을 하면 십중팔구 야단을 맞을 거야. (안좋은 쪽으로 많이 쓰임)

비슷한 말 : 대부분, 대체로, 십상, 거의   **반대말** : 아마

tip
六七八九十

소리내 쓰기

1. 흐리게 적힌 글 위에 따라 적고, 옆에 2번 더 깨끗이 적어 보세요.

십 중 팔 구

2. 위에서 배운 한자의 뜻과 음을 읽으면서 순서에 따라 써 보세요.

쓰는 순서 : ノ 九

九	九				
아홉 **구**	아홉 구				

쓰는 순서 : 一 十

十	十				
열 **십**	열 십				

3. 오늘 배운 한자가 들어간 단어를 배워 봅니다. (한자를 생각하며 천천히 3번 읽어 보세요)

구미호 (九尾狐) : 아홉 구, 꼬리 미, 여우 호 ➡ 꼬리가 아홉개인 여우 (귀신의 한 종류)

구천 (九天) : 아홉 구, 하늘 천 ➡ 하늘의 가장 높은 곳

십분 (十分) : 열 십, 나눌 분 ➡ ① 10분 ② 아주 충분히 ③ 부족함 없이

십대 (十代) : 열 십, 대신할 대 ➡ 열 살부터 열아홉 살까지의 소년층 ② 10번째

그 소녀는 어려운 十代를 보내다가 누명을 쓰고 죽었다고 합니다. 그러나 그 소녀는 억울함에 九天을 떠도는 九尾狐가 되어 원수를 갚았습니다. 저는 그 소녀의 심정을 十分 이해하지만 원수를 갚는 것은 잘못된 일인 것 같습니다.

4. 십중팔구의 속뜻을 적거나, 십중팔구가 들어간 문장을 만들어 보세요.

_____

_____

_____

_____

_____

_____

06 구사일생

Mon	월	일
🕐	시	분

소리내 읽기 아래 한자와 내용을 꼼꼼히 소리 내어 3번 읽어 보세요.

구 사 일 생

九	死	一	生
아홉 **구**	죽을 **사**	한 **일**	날 **생**

> **tip**
> 生 날 생
> **나다, 낳다, 살다**라는
> 뜻을 가지고 있습니다.

뜻 : 아홉번九 죽을死 뻔하다가 한번一 살아난다生

속뜻 : 여러 차례 죽을 고비를 겪고 간신히 목숨을 건짐

사용법 : 저희 할아버지는 6.25전쟁에서 구사일생으로 살아 돌아왔다고 합니다.

비슷한 말 : 백사일생 百死一生 (백번 죽을뻔하다~) , 십생구사 十生九死 (10중에 9죽을~)

소리내 풀기 **1.** 흐리게 적힌 글 위에 따라 적고, 옆에 2번 더 깨끗이 적어 보세요.

구	사	일	생					

2. 위에서 배운 한자의 뜻과 음을 읽으면서 순서에 따라 써 보세요.

쓰는 순서 : ノ ト ヒ 牛 生

生	生					
날 **생**	날 생					

쓰는 순서 : 一 ア ラ 歹 歹 死

死	死					
죽을 **사**	죽을 사					

3. 오늘 배운 한자가 들어간 단어를 배워 봅니다. (한자를 생각하며 천천히 3번 읽어 보세요)

생명 (生命) : 날 생, 목숨 명 → 목숨, 살아서 숨 쉬고 활동할 수 있게하는 힘

생활 (生活) : 날 생, 살 활 → 살아서 활동함

학생 (學生) : 배울 학, 날 생 → ① 배우는 사람 ② 학교에 다니면서 공부하는 사람

생사 (生死) : 날 생, 죽을 사 → ① 삶과 죽음 ② 살았는지 죽었는지

어느 학교의 기숙사 生活을 하는 學生이 산에서 실종되었습니다. 현재 다섯 시간째 찾고 있지만 生死를 알지 못하는 상황입니다. 현재는 영하 20도로 오늘 밤 안에 발견되어야 生命에 지장이 없을 것으로 보입니다.

4. 구사일생의 속뜻을 적거나, 구사일생이 들어간 문장을 만들어 보세요.

_____

_____

_____

_____

tip 한자를 쓸 때 몇번 만에 쓴다 것을 획이라고 하고, 九는 2번만에 쓸 수 있으므로 2획이라고 합니다.

오늘의 준비
오늘의 할일을 적어봐요!

일어난 시간	시	분	날씨	☀	⛅	🌧	☃
오늘 꼭! 할일							

월 일
시 분

 아래 한자와 내용을 꼼꼼히 소리 내어 3번 읽어 보세요.

대 동 소 이

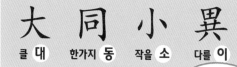
大 同 小 異
클 대 한가지 동 작을 소 다를 이

뜻 : 크게는 大 한가지이고 同 작게(조금)는 小 다르다 異

tip
同 한가지 동
같다, 무리, 함께라는
뜻도 가지고 있습니다.

속뜻 : 큰 차이 없이 거의 같음. (대부분은 같으나, 약간의 차이가 있음)

사용법 : 미현이의 발표내용은 윤희의 발표내용과 대동소이 합니다.

비슷한 말 : 오십보백보 (步 걸을 보) 50번 걸으나 100번 걸으나 같다.(먼길을 갈때)

 1. 흐리게 적힌 글 위에 따라 적고, 옆에 2번 더 깨끗이 적어 보세요.

대동소이

2. 위에서 배운 한자의 뜻과 음을 읽으면서 순서에 따라 써 보세요.

쓰는 순서 : 一 ナ 大

大 | 大
클 대 | 클 대

쓰는 순서 : 亅 亅 小

小 | 小
작을 소 | 작을 소

3. 오늘 배운 한자가 들어간 단어를 배워 봅니다. (한자를 생각하며 천천히 3번 읽어 보세요)

대소 (大小) : 클 대, 작을 소 → 사물의 큼과 작음
우리 반 일에 大小를 가리지 않고 앞장섰더니 2학기 때 학급회장이 되었다.

대문 (大門) : 클 대, 문 문 → ① 큰 문 ② 집의 정문
바지 앞 자크가 열려 있으면 '남大門 열렸네'라고 놀린다.

중대 (重大) : 무거울 중, 클 대 → 매우 중요하게 여김
우리 할아버지는 내가 아무리 重大한 잘못을 했더라도 웃으신다.

소농 (小農) : 작을 소, 농사 농 → 작은 땅에 가족만의 힘으로 농사를 짓는 것(사람)
예전에는 시골 小農의 자식은 교육을 받을 수 없었다.

소식 (小食) : 작을 소, 밥 식 → ① 음식을 적게 먹음 ② 양이 적은 식사
小食이 몸에는 좋지만, 운동 보다 좋지는 않다.

4. '짜파게티와 짜장면'과 같이 대동소이한 것들을 3개이상 적어보세요.

tip 우리나라는 옛부터 중국의 영향을 많이 받아서 중국말(한자)에서 온 말이 많이 있습니다. ☺

나의 생활 일기

잘했다고 생각되면 **5**점
어제의 학업 성취도 : 1 **2** 3 4 5

날짜	월 일 요일	날씨	☀ ☁ 🌧 ⛄
일어난 시간	시 분	잠잔 시간	시 분

오늘의 point ◄ 오늘 꼭 해야할 일이나 중요한 일을 적고, 다음날 실천했는지 네모칸에 확인 V 합니다.

1. ☐

2. ☐

3. ☐

08 유구무언

아래 한자와 내용을 꼼꼼히 소리 내어 3번 읽어 보세요.

유구무언

有	口	無	言
있을 유	입 구	없을 무	말씀 언

뜻 : 입은口 있으나有 말은言 없다無

속뜻 : 할 말이 없음, 변명할 이야기가 없음.

사용법 : 어제 있었던 사고에 대해 모두 유구무언했다.

비슷한 말 : 입이 열개라도 할 말이 없다. (사람 입은 한개라서 더 할 말이 없겠죠)

tip

口 **입 구**
사람입, 구멍이라는
뜻을 가지고 있습니다.

1. 흐리게 적힌 글 위에 따라 적고, 옆에 2번 더 깨끗이 적어 보세요.

유	구	무	언						

2. 위에서 배운 한자의 뜻과 음을 읽으면서 순서에 따라 써 보세요.

쓰는 순서 : 一 ナ 才 有 有 有

有	有				
있을 **유**	있을 유				

쓰는 순서 :

無	無				
없을 **무**	없을 무				

3. 오늘 배운 한자가 들어간 단어를 배워 봅니다. (한자를 생각하며 천천히 3번 읽어 보세요)

유력 (有力) 있을 유, 힘 력 ➡ ① 세력이나 재산이 있음 ② 가능성이 많다.

소유 (所有) : 바 소, 있을 유 ➡ 가지고 있음

유명 (有名) : 있을 유, 이름 명 ➡ 이름이 널리 알려져 있음

무명 (無名) : 없을 무, 이름 명 ➡ ① 이름이 널리 알려져 있지 않음 ② 이름이 없음

> 이번 대통령 선거에서 큰 재산을 所有하고 있는 1번 후보가 有力한 가운데 제주도 출신의 6번 후보가 작은 차이로 2등을 지키고 있습니다. 3년 전만 하더라도 거의 無名에 가까웠던 6번 후보가 有名한 1번 후보를 이길지 기대됩니다.

4. 유구무언의 속뜻을 적거나, 유구무언한 경험이 있으면 적어보세요.

_____

_____

_____

_____

_____

_____

○9 막상막하

아래 한자와 내용을 꼼꼼히 소리 내어 3번 읽어 보세요.

막 상 막 하

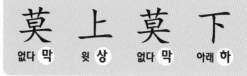

莫 上 莫 下
없다 막   윗 상   없다 막   아래 하

뜻 : 위에도 上 없고 莫 아래도 下 없다 幕

속뜻 : 어느 것이 위고 아래인지 구분할 수 없을 정도로 비슷한 상황 (좋은 쪽으로 비슷한)

사용법 : 100미터 달리기에서 환이와 막상막하로 들어왔지만, 내가 이겼다.

비슷한 말 : 백중세 百仲勢 , 백중지세 伯仲之勢 (첫번째와 두번째 만큼 비슷한 형세)

1. 흐리게 적힌 글 위에 따라 적고, 옆에 2번 더 깨끗이 적어 보세요.

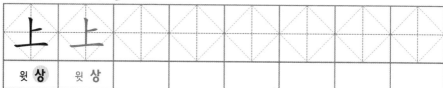

2. 위에서 배운 한자의 뜻과 음을 읽으면서 순서에 따라 써 보세요.

쓰는 순서 : 丨 卜 上

上	上			
윗 **상**	윗 **상**			

쓰는 순서 : 一 丁 下

下	下			
아래 **하**	아래 **하**			

3. 오늘 배운 한자가 들어간 단어를 배워 봅니다. (한자를 생각하며 천천히 3번 읽어 보세요)

상공 (上空) : 윗 상, 빌 공 → ① 높은 하늘 ② 어떤 지역의 바로 위의 하늘
우리나라 上空에 일본 전투기가 나타났다. 우리 공군이 출격했다고 한다.

지하 (地下) : 땅 지, 아래 하 → ① 땅속 ② '저승'의 다른말 (죽으면 땅 속에 묻히니까)
이런 일이 생기다니 地下에 계신 조상이 분노할 일이다.

세상 (世上) : 인간 세, 윗 상 → 사람이 살고 있는 모든 사회를 통틀어 이르는 말
돈을 이렇게 함부로 쓰다니 世上 물정을 너무 모르는 것 아니냐?

조상 (祖上) : 조상 조, 윗 상 → 돌아가신 가족과 민족의 어른
祖上들의 좋은 지혜와 생각은 본받고, 나쁜 점은 고쳐 나가야 한다.

4. 겨울에 있었던 기억나는 일을 적어 보세요. 왜 좋았는지도 같이 적으세요.

_____

_____

_____

_____

_____

_____

_____

tip 祖는 할아버지이라는 뜻도 있습니다. 祖父母(조부모)는 할아버지와 할머니를 뜻합니다.

1. 아래 사자성어의 음을 밑에 적으세요.

소리내 풀기

一石二鳥
일 석 이 조

三寒四溫

三三五五

七顚八起

十中八九

九死一生

大同小異

有口無言

莫上莫下

2. 아래 사자성어와 관련 있는 뜻과 올바른 음을 연결하세요. (자를 대고 연결하세요)

一石二鳥 •   • 한번에 두가지를 얻음 •   • 일석이조

三寒四溫 •   • 우리나라 겨울 날씨 •   • 삼한사온

三三五五 •   • 여러명씩 모여 즐겁게 있는 모습 •   • 삼삼오오

七戰八起 •   • 결국 일어서서 성공함 •   • 칠전팔기

十中八九 •   • 대부분, 10개(명) 중 9개(명) •   • 십중팔구

九死一生 •   • 어렵게 살아남, 일을 어렵게 넘김 •   • 구사일생

大同小異 •   • 큰 차이 없이 거의 같음 •   • 대동소이

有口無言 •   • 말을 못하고 있는 모습 •   • 유구무언

莫上莫下 •   • 더 좋은것이 무엇인지 모름 •   • 막상막하

3. 다음 한자의 훈(뜻)과 음(소리)을 적으세요. (한자를 생각하며 천천히 3번 읽어 보세요)

四 넉 사	七	十
五	八	大
六	九	小

4. 아래 단어의 올바른 음과 뜻을 연결하세요.

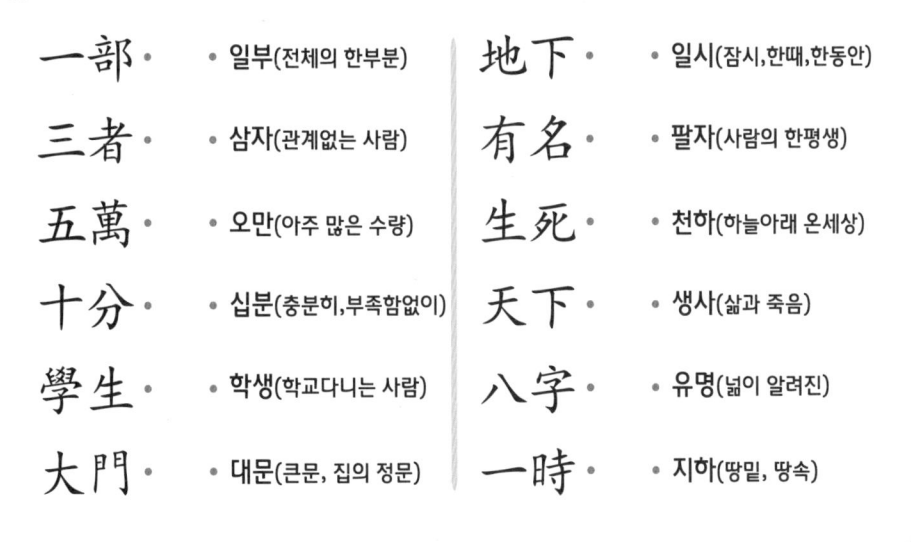

一部 •　　• 일부(전체의 한부분)

三者 •　　• 삼자(관계없는 사람)

五萬 •　　• 오만(아주 많은 수량)

十分 •　　• 십분(충분히,부족함없이)

學生 •　　• 학생(학교다니는 사람)

大門 •　　• 대문(큰문, 집의 정문)

地下 •　　• 일시(잠시,한때,한동안)

有名 •　　• 팔자(사람의 한평생)

生死 •　　• 천하(하늘아래 온세상)

天下 •　　• 생사(삶과 죽음)

八字 •　　• 유명(넓이 알려진)

一時 •　　• 지하(땅밑, 땅속)

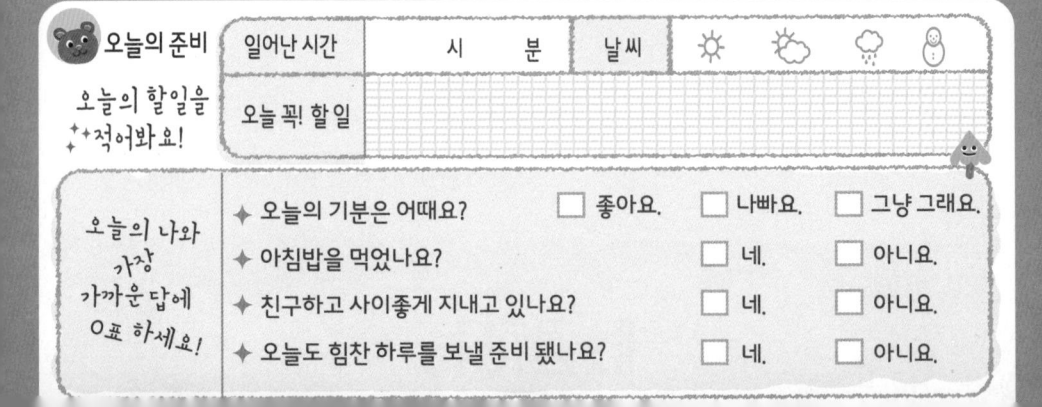

🐻 오늘의 준비

오늘의 할일을
✦✦적어봐요!

일어난 시간		시	분	날씨	☀	⛅	🌧	⛄
오늘 꼭! 할일								

오늘의 나와
가장
가까운 답에
O표 하세요!

✦ 오늘의 기분은 어때요?　　☐ 좋아요.　☐ 나빠요.　☐ 그냥 그래요.

✦ 아침밥을 먹었나요?　　　　　　　　☐ 네.　☐ 아니요.

✦ 친구하고 사이좋게 지내고 있나요?　☐ 네.　☐ 아니요.

✦ 오늘도 힘찬 하루를 보낼 준비 됐나요?　☐ 네.　☐ 아니요.

11 백년해로

아래 한자와 내용을 꼼꼼히 소리 내어 3번 읽어 보세요.

백년해로

百	年	偕	老
일백 **백**	해 **년**	함께 **해**	늙을 **로**

뜻 : (부부가) 일백년百年 함께偕 늙는다老

속뜻 : 부부가 되어 한평생을 사이좋고 행복하게 살아라는 말

사용법 : 부모님의 백년해로를 위해 착하고 건강하게 자라거라.

비슷한 말 : 백년가약 (아름다울 가, 맺을 약) ➡ 백년 가는 아름다운 약속(부부가 되겠다는 약속)

> tip
> 100살까지 사는
> 사람은 드물기 때문에
> 죽을때까지라는 의미입니다.

---

1. 흐리게 적힌 글 위에 따라 적고, 옆에 2번 더 깨끗이 적어 보세요.

백년해로

2. 위에서 배운 한자의 뜻과 음을 읽으면서 순서에 따라 써 보세요.

쓰는 순서 : 一 ㄱ ㄕ 丆 百 百

百	百			
일백 **백**	일백 백			

쓰는 순서 : 一 十 土 耂 耂 老

老	老			
늙을 **로**	늙을 로			

3. 오늘 배운 한자가 들어간 단어를 배워 봅니다. (한자를 생각하며 천천히 3번 읽어 보세요)

백방 (百方) : 일백 백, 모 방 ➡ 온갖 방법, 갖은 방법
百方으로 노력하고, 百方으로 힘쓰면 된다.

만년 (萬年) : 일만 만, 해 년 ➡ ① 1000년 (오랜세월) ② 언제나 변함없이 한결같은
우리 가족이 百年萬年 행복하게 살았으면 좋겠다.

노년 (老年) : 늙을 노, 해 년 ➡ 늙은 나이 (나이를 많이 드신 어르신)
老年에 행복하려면 젊었을때부터 열심히 살아야 돼.

누후 (老後) : 늙을 노, 뒤 후 ➡ 늙어진 뒤 (나이가 많이 들어서) 참고 노년과 비슷한 말
老後 대책, 老後의 생활 설계, 老後를 편안히 보내다.

노소 (老少) : 늙을 노, 적을 소 ➡ 늙은이와 어린아이 참고 小 작다. 少 적다(젊다.)
이 음식은 남녀老少 모두 좋아할 것 같은 맛이다.

4. 백년해로의 뜻을 쓰고, 내가 백년해로 하고 싶은 이상형을 적어 보세요.

_____

_____

_____

_____

_____

_____

tip 少를 쓰는 단어는 소년, 소녀, 청소년, 감소(줄어듬), 다소(어느 정도), 사소(매우 작음)등이 있습니다.

12 천고마비

아래 한자와 내용을 꼼꼼히 소리 내어 3번 읽어 보세요.

천고마비

天	高	馬	肥
하늘 천	높을 고	말 마	살찔 비

뜻 : 하늘이天 높고高 말이馬 살찐다肥

속뜻 : 하늘이 맑아 높고 푸르게 보이고 온갖 곡식이 익어 먹을 것이 많은 가을을 말함.

사용법 : 이제 천고마비의 계절이 되었구나!!

계절관련말 : 봄 ➡ 변덕쟁이, 황사   여름 ➡ 무더위, 장마, 열대야   겨울 ➡ 삼한사온

1. 흐리게 적힌 글 위에 따라 적고, 옆에 2번 더 깨끗이 적어 보세요.

천고마비

2. 위에서 배운 한자의 뜻과 음을 읽으면서 순서에 따라 써 보세요.

쓰는 순서 : ㅡ ㅡ 干 天

天	天
하늘 **천**	하늘 천

쓰는 순서 : ㅗ ㅗ ㅗ 高 高 高 高 高

高	高
높을 **고**	높을 고

35

3. 오늘 배운 한자가 들어간 단어를 배워 봅니다. (한자를 생각하며 천천히 3번 읽어 보세요)

천하 (天下) : 하늘 천, 아래 하 → ① 하늘 아래 온 세상 ② 한 나라의 전체

천기 (天氣) : 하늘 천, 기운 기 → ① 하늘에 나타난 조짐 ② 날씨

천지 (天地) : 하늘 천, 땅 지 → ① 하늘과 땅 모두 ② 대단히 많음 (천지에 널려있다.)

고수 (高手) : 높을 고, 손 수 → ① 수(재주,능력)가 높음 ② 수가 높은 사람

고공 (高空) : 높을 고, 빌 공 → 높은 공중　　참고 초등, 중등, 고등 (初 中 高)

> 天下에 天氣를 받은 高手를 찾아 나선지 언 3년이 지났다. 여기저기 高手가
>
> 많다고 하지만, 天氣를 받은 진짜 高手는 高空을 날아다니고 바다를 걸어서
>
> 건넌다고 한다. 몇 년이 걸리더라도 꼭 찾고 말겠다.

4. 천고마비의 속뜻을 적고, 좋아하는 계절에 대해 적어보세요.

_____

_____

_____

_____

tip 어떤 한자는 한자 몇개를 합해서 만들기도 합니다. :)

오늘의 나와 가장 가까운 답에 O표 하세요!				
✦ 오늘의 기분은 어때요?	☐ 좋아요.	☐ 나빠요.	☐ 그냥 그래요.
✦ 아침밥을 먹었나요?	☐ 네.	☐ 아니요.	
✦ 친구하고 사이좋게 지내고 있나요?	☐ 네.	☐ 아니요.	
✦ 오늘도 힘찬 하루를 보낼 준비 됐나요?	☐ 네.	☐ 아니요.	

13 전광석화

월 일
시 분

소리내 읽기

아래 한자와 내용을 꼼꼼히 소리 내어 3번 읽어 보세요.

전광석화 電光石火

번개 **전** 빛 **광** 돌 **석** 불 **화**

tip 돌이 부딛치면 번쩍할 때가 있죠

뜻 : 번개가電 번쩍이고光 돌에石 불이火 나는 순간

속뜻 : ① 아주 짧은 시간 ② 아주 신속한 동작으로 일을 하거나, 진행되는 것

사용법 : 시험준비를 20분만에 전광석화처럼 했지만 30점 맞았다. 천천히 해야겠다.

비슷한 말 : 찰나 (刹那) → 어떤 일이 일어나는 바로 그때 , 불교에서 말하는 정말 짧은 시간

소리내 풀기

1. 흐리게 적힌 글 위에 따라 적고, 옆에 2번 더 깨끗이 적어 보세요.

전	광	석	화									

2. 위에서 배운 한자의 뜻과 음을 읽으면서 순서에 따라 써 보세요.

쓰는 순서 : 一 丆 不 石 石

石	石							
돌 석	돌 석							

쓰는 순서 : 丶 丷 少 火

火	火							
불 화	불 화							

3. 오늘 배운 한자가 들어간 단어를 배워 봅니다. (한자를 생각하며 천천히 3번 읽어 보세요)

옥석 (玉石) : 구슬 옥, 돌 석 → ① 옥과 돌 ② 좋은 것과 나쁜 것 ③ 옳은 것과 그른 것
玉石을 고르듯 사람을 가려 쓸 줄 알아야 한다.

보석 (寶石) : 보배 보, 돌 석 → 빛깔과 광택이 아름다운 값진 돌
寶石 중에 가장 비싸고 단단한 것이 다이아몬드라고 한다.

화석 (火石) : 불 화, 돌 석 → 아주 오래전 동식물의 시체가 굳어서 돌속에 남아있는 것
충청도 지방의 한 공사장에서 50만년전 공룡 火石이 발견되었다.

화력 (火力) : 불 화, 힘 력 → ① 불이 딸 때에 내는 열의 힘 ② 무기의 위력
우리 집의 난방은 火力발전소에서 끓인 물을 사용하는 열난방이다.

화산 (火山) : 불 화, 뫼 산 → 땅 속의 뜨거운 마그마가 올려와 생긴 산
우리나라의 火山은 한라산과 백두산이 있다.

4. 전광석화의 속뜻을 쓰고, 전광석화 같이 행동을 한 경험을 적어보세요.

---

tip 玉(구슬 옥)은 예전부터 귀하게 여겼으며, 다듬어서 장식품이나 그릇을 만들어 사용했습니다.

14 동서고금

소리내 읽기

아래 한자와 내용을 꼼꼼히 소리 내어 3번 읽어 보세요.

동서고금

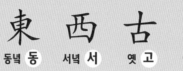

東 西 古 今

동녘 동 서녘 서 옛 고 이제 금

tip
今 이제 금
오늘이라는 뜻도 가지고 있습니다.

뜻 : 동양과東 서양西, 그리고 옛날과古 오늘今

속뜻 : ① 옛날부터 지금까지 어느 장소에서나 ② 언제 어디서나

사용법 : 네가 동서고금을 막론하고 제일 예쁘고, 착하다.

관련 말 : 고금동서(동서고금과 같음말), 천상천하 (天上天下→ 하늘 위와 하늘 아래, 온세상)

소리내 풀기

1. 흐리게 적힌 글 위에 따라 적고, 옆에 2번 더 깨끗이 적어 보세요.

동	서	고	금								

2. 위에서 배운 한자의 뜻과 음을 읽으면서 순서에 따라 써 보세요.

쓰는 순서 : 一 十 け 市 市 申 東 東

東	東							
동녘 동	동녘 동							

쓰는 순서 : 一 丆 丙 丙 两 西

西	西							
서녘 서	서녘 서							

3. 오늘 배운 한자가 들어간 단어를 배워 봅니다. (한자를 생각하며 천천히 3번 읽어 보세요)

동방 (東方) : 동녘 동, 모 방 ➡ ① 동쪽에 있는 나라 ② 우리나라를 스스로 이르는 말
중국에서 우리를 東方예의지국 (동쪽에 있는 예의에 밝은 나라)라 부른다.

서산 (西山) : 서녘 서, 뫼 산 ➡ 서쪽에 있는 산
벌써 해가 西山으로 지고 있는데 지우가 아직 안 들어왔다고?

서해 (西海) : 서녘 서, 바다 해 ➡ ① 서쪽에 있는 바다 ② 우리나라 '황해'를 이르는 말
해가 지는 일몰을 보려면 西海로 가고, 뜨는 일출을 보려면 東海로 가라.

동대문 (東大門) : 동녘 동, 큰 대, 문 문 ➡ 예전 '흥인지문'으로 부른 서울의 동쪽 정문
예전에는 東大門에 야구장이 있었는데 이제는 쇼핑몰로 바뀌었네.

북동풍 (北東風) : 북녘 북, 동녘 동, 바람 풍 ➡ '북쪽과 동쪽' 사이로 불어오는 바람.
동해안은 北東風의 영향으로 파도가 높겠습니다 참고 동북풍과 같은 말

4. 내가 동서고금에서 제일 잘하고 싶은 것과 이유를 적어 보세요.

_____

_____

_____

_____

_____

tip 동양과 서양은 중국을 기준으로 어느 쪽인가로 나누어 지며, 아시아는 동양, 유럽은 서양입니다.

오늘의 준비
오늘의 할일을 적어봐요!

일어난 시간	시	분	날씨	☀	⛅	🌧	⛄
오늘 꼭! 할일							

15 부자유친

아래 한자와 내용을 꼼꼼히 소리 내어 3번 읽어 보세요.

부자유친

父 子 有 親
아비 부 아들 자 있을 유 친할 친

뜻 : 아버지父와 아들子 사이에는 친함親이 있有다.

속뜻 : 부모와 자식간의 도리 (부모는 인자하고 자녀는 부모에게 존경해서 항상 친하게 지냄)

관련말 : 장유유서 ➡ 어른과 아이사이에는 순서가 있어야 한다. (어른 먼저~, 아이 먼저~)

붕우유신 ➡ 친구 사이에는 믿음이 있어야 한다. (믿지 못할 친구는 사귀지 마라)

1. 흐리게 적힌 글 위에 따라 적고, 옆에 2번 더 깨끗이 적어 보세요.

부	자	유	친					

2. 위에서 배운 한자의 뜻과 음을 읽으면서 순서에 따라 써 보세요.

쓰는 순서 : 丶 丶丶 ⁄ 父

父	父						
아비 **부**	아비 부						

쓰는 순서 : 了 了 子

子	子						
아들 **자**	아들 자						

3. 오늘 배운 한자가 들어간 단어를 배워 봅니다. (한자를 생각하여 천천히 3번 읽어 보세요)

부자 (父子) : 아비 **부**, 아들 **자** → 아버지와 아들
아들 : 아빠하고 나하고 있으면 부자지?　　아버지 : 그럼 父子지. ◡◡

조부 (祖父) : 조상(할아버지) **조**, 아비 **부** → 할아버지
너희 祖父께서는 나라를 위해서 일하시다가 돌아가셨다.

노부 (老父) : 늙을 **노**, 아비 **부** → 늙은 아버지　[참고] 윗사람에게 이야기 할때만 씀.
저희 가족은 老父와 저의 아내, 이렇게 사람입니다.

사부 (師父) : 스승 **사**, 아비 **부** → 아버지 같은 스승이란 말로 스승을 존경해 부르는 말.
오늘부터 師父로 삼고, 師父의 가르침에 따르도록 하겠습니다.

제자 (弟子) : 아우 **제**, 아들 **자** → 스승으로부터 가르침을 받고 있거나 받은 사람
스승의 가르침을 따르는 것이 弟子자의 도리이다.

4. 부자유친의 속뜻을 적고, 부모님과 행복한 순간이 언제인지 적어보세요.

_____

_____

tip 우리나라를 동방예의지국이라고 하여 예절이 바른 나라라고 불렀습니다. 예절을 배워 보세요. ◡‿

나의 생활 일기

잘했다고 생각되면 **5**점
어제의 학업 성취도 : **1 2 3 4 5**

날 짜	월 일 요일	날 씨	☀ ☁ 🌧 ⛄
일어난 시간	시 분	잠잔 시간	시 분

오늘의 point 오늘 꼭 해야할 일이나 중요한 일을 적고, 다음날 실천했는지 네모칸에 확인 V 합니다.

1. 　　　　　□
2. 　　　　　□
3. 　　　　　□

16 일부다처

월 일

시 분

소리내 읽기

아래 한자와 내용을 꼼꼼히 소리 내어 3번 읽어 보세요.

일 부 다 처

一	夫	多	妻
한 일	지아비 부	많을 다	아내 처

뜻 : 한명의一 남편이夫 여러多 아내를妻 거느림

속뜻 : 한 명의 남자가 동시에 여러 여자를 아내로 들여 같이 삶

비슷한 말 : 일처다부 ➡ 한 명의 여자가 동시에 여러 남자를 남편으로 들임

상식 : 거의 모든 나라가 일부일처로 되어있어요. 백년가약을 맺어 백년해로하세요.

tip

지아비 ➡ 자기 남편
지어미 ➡ 자기 아내

소리내 풀기

1. 흐리게 적힌 글 위에 따라 적고, 옆에 2번 더 깨끗이 적어 보세요.

일	부	다	처						

2. 위에서 배운 한자의 뜻과 음을 읽으면서 순서에 따라 써 보세요.

쓰는 순서 : 一 二 丰 夫

夫	夫				
지아비 **부**	지아비 부				

쓰는 순서 : 丿 夕 夕 夕 多 多

多	多				
많을 **다**	많을 다				

3. 오늘 배운 한자가 들어간 단어를 배워 봅니다. (한자를 생각하며 천천히 3번 읽어 보세요)

부부 (夫婦) : 지아비 **부**, 며느리 **부** → 남편과 아내
부모님이 夫婦동반 모임에 가셨거든. 아무도 없으니 우리집에서 놀러와.

부인 (夫人) : 지아비 **부**, 사람 **인** → '남의 아내'의 높임말
저기 보이는 흰색 옷을 입은 분이 선생님 夫人이시라니.

공부 (工夫) : 장인 **공**, 지아비 **부** → 학문이나 기술을 닦는 일
工夫를 잘하려면, 스스로 매일매일 꾸준히 하면 됩니다.

다소 (多少) : 많을 **다**, 적을 **소** → ① 많음과 적음 ② 조금이긴 하지만 어느 정도
多少의 차이는 있지만 모두 열심히 했다.

다재다능 (多才多能) : 많을 **다**, 재주 **재**, 능할 **능** → 재주와 능력이 여러가지로 많음
민우는 여러 방면에 多才多能한 학생이다.

4. 일부다처, 일처다부, 일부일처 중 좋은 것과 좋아하는 이유를 적으세요.

_____

_____

tip 사람은 욕심이 많습니다. 서로의 행복을 위해 지킬 것은 지켜 주어야 합니다. ☺

오늘의 준비

오늘의 할일을 적어봐요!

일어난 시간	시	분	날씨	☀	⛅	🌧	☃
오늘 꼭! 할 일							

오늘의 나와 가장 가까운 답에 O표 하세요!

◆ 오늘의 기분은 어때요? ☐ 좋아요. ☐ 나빠요. ☐ 그냥 그래요.
◆ 아침밥을 먹었나요? ☐ 네. ☐ 아니요.
◆ 친구하고 사이좋게 지내고 있나요? ☐ 네. ☐ 아니요.
◆ 오늘도 힘찬 하루를 보낼 준비 됐나요? ☐ 네. ☐ 아니요.

Mon 월 일
시 분

소리내어 읽기

아래 한자와 내용을 꼼꼼히 소리 내어 3번 읽어 보세요.

남녀유별

男	女	有	別
사내 **남**	여자 **녀**	있을 **유**	다를 **별**

女 여자 **녀** tip
여라고도 씁니다.

뜻 : 남자와 男 여자는 女 다름이 別 있다 有

속뜻 : 남자와 여자는 생각이나 몸이 다르기 때문에 그에 맞는 대우를 해줘야 된다.

사용법 : 남녀유별이라 오빠와 여동생 간에는 행동이나 말이 다를 수 있는 거야.

관련말 : 남여칠세부동석 ➡ 남녀가 7살이 넘으면 같은 자리에 앉히지 말라는 말

소리내어 풀기

1. 흐리게 적힌 글 위에 따라 적고, 옆에 2번 더 깨끗이 적어 보세요.

남녀유별

2. 위에서 배운 한자의 뜻과 음을 읽으면서 순서에 따라 써 보세요.

쓰는 순서 : 丨 冂 冃 用 田 甲 男

男	男			
사내 **남**	사내 **남**			

쓰는 순서 : 乚 乆 女

女	女			
여자 **여**	여자 **여**			

3. 오늘 배운 한자가 들어간 단어를 배워 봅니다. (한자를 생각하며 천천히 3번 읽어 보세요)

남편 (男便) : 사내 남, 편할 편 ➡ 아내와 결혼한 남자

장남 (長男) : 길 장, 사내 남 ➡ 맏아들   참고 둘째아들 : 차남

남매 (男妹) : 남매 유, 누이 매 ➡ 오라비와 누이

자녀 (子女) : 아들 자, 녀자 녀 ➡ 아들과 딸의 높임말

미녀 (美女) : 아름다울 미, 여자 녀 ➡ 아름다운 여자

> 민수는 시골에서 長男으로 태어나 美女인 아내와 결혼하여, 좋은 男便으로 착실하게 살았습니다. 子女는 男妹 1명씩 낳아서 아들은 서울에 있는 좋은 대학에 보내고, 여동생은 미국으로 유학을 보냈습니다.

4. 자신이 생각하는 '남자가 좋은 점'과 '여자가 좋은 점'을 적어보세요.

_____

_____

_____

_____

_____

18 자기만족

 아래 한자와 내용을 꼼꼼히 소리 내어 3번 읽어 보세요.

자기만족

自	己	滿	足
스스로 **자**	몸 **기**	찰 **만**	발 **족**

뜻 : 자기自己 스스로 만족하다滿足

속뜻 : 자기 자신의 몸, 행동, 말등을 스스로 만족하는 일

사용법 : 민희는 나보다 기말고사를 못 쳤지만, 그래도 자기만족하고 있다.

상식 : 자존심 ➡ 자신과 다른 사람에게 자기 자신의 귀중함과 품위를 지키는 마음

足 발 **족** tip
뿌리, 그치다, 머무르다
라는 뜻도 있습니다.

 1. 흐리게 적힌 글 위에 따라 적고, 옆에 2번 더 깨끗이 적어 보세요.

2. 위에서 배운 한자의 뜻과 음을 읽으면서 순서에 따라 써 보세요.

쓰는 순서 : ㄱ ㄱ 己

47

3. 오늘 배운 한자가 들어간 단어를 배워 봅니다. (한자를 생각하여 천천히 3번 읽어 보세요)

자기 (自己) : 스스로 자, 몸 기 → ① 제 자신, 나 ② 막연하게 사람을 가리키는 말
똑똑하고 영리한 사람은 보통 自己주장이 뚜렷한 사람들이 많다.

자주 (自主) : 스스로 자, 주인 주 → 남의 보호나 간섭을 받지 않고 독립하여 행동함.
더욱 힘쎈 自主 국가를 만들기 위해 우리가 노력해야 된다.

부족 (不足) : 아닐 부, 발 족 → ① 필요한 양보다 모자람 ② 만족하지 않음
어릴 때부터 너무 不足함 없이 자라면, 남을 배려하는 마음이 없다.

수족 (手足) : 손 수, 발 족 → ① 손과 발 ② 손발과 같이 마음대로 부리는 사람
① 手足이 마비되다. ② 회사의 부하직원들을 자기 手足처럼 부린다.

장족 (長足) : 길 장, 발 족 → ① 빠른 걸음 ② 사물의 발전이나 진행이 아주 빠름.
매일 2시간씩 꾸준히 공부했더니, 한 달 후 長足의 발전이 있었다.

4. 자기만족의 뜻을 쓰고, 자기만족의 좋은 점과 나쁜 점을 생각해 보세요.

_____

_____

_____

_____

_____

_____

tip 자기 스스로 하는 것만큼 실력이 느는 것은 없습니다. 다른 사람의 도움을 받더라도 스스로 해보세요.

19 신토불이

 아래 한자와 내용을 꼼꼼히 소리 내어 3번 읽어 보세요.

신토불이

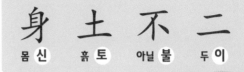

身 土 不 二
몸 신   흙 토   아닐 불   두 이

뜻 : 몸과 身 흙은 土 둘이 二 아니다 不

> **不** 아닐 **불**
> **부** 이라고도 씁니다. ^{tip}

속뜻 : 몸과 태어난 땅은 하나다 . 사람은 환경에 지배를 받는다는 뜻입니다.

사용법 : 사람들은 신토불이라는 생각을 가지고 있기 때문에 우리나라 농작물을 좋아한다.

상식 : 신토불이는 우리나라에만 있는 말로서, 반드시 우리 음식이 좋다는 말은 아니에요.

 1. 흐리게 적힌 글 위에 따라 적고, 옆에 2번 더 깨끗이 적어 보세요.

신	토	불	이							

2. 위에서 배운 한자의 뜻과 음을 읽으면서 순서에 따라 써 보세요.

쓰는 순서 : `丿 亻 冂 冃 自 身 身`

身	身			
몸 **신**	몸 신			

쓰는 순서 : `一 十 土`

土	土			
흙 **토**	흙 토			

3. 오늘 배운 한자가 들어간 단어를 배워 봅니다. (한자를 생각하며 천천히 3번 읽어 보세요)

자신 (自身) : 스스로 **자**, 몸 **신** ➡ ① 제 몸 ② 앞에서 가리킨 바로 그 사람을 강조
① 자기 自身을 돌봐야지   ② 너 自身을 알라.

출신 (出身) : 날 **출**, 몸 **신** ➡ ① 태어날 때 속한 사회적 신분 ② 졸업한 학교나 다닌 회사
교장선생님은 목포에 있는 성남초등학교 出身신입니다.

심신 (心身) : 마음 **심**, 몸 **신** ➡ 몸과 마음
心身이 약하고 소극적인 학생은 태권도 같은 운동을 배우면 강인해 집니다.

국토 (國土) : 나라 **국**, 흙 **토** ➡ 나라의 영토(땅)
우리 國土의 동쪽끝은 독도, 서쪽끝은 마안도, 남쪽끝은 마라도입니다.

토지 (土地) : 흙 **토**, 땅 **지** ➡ ① 땅, 흙 ② 사람이 이용하거나 소유하는 논밭이나 땅
농민들은 土地에서 일하고, 학생은 책상에서 공부한다.

4. 우리나라에서 생산한 것이 수입보다 좋은 이유를 생각해서 적어보세요.

_____

_____

tip 살면서 다른 모든 것은 바뀔 수 있지만, 부모와 형제는 바뀔 수 없습니다. 항상 사랑하고 위해야 합니다.

나의 생활 일기

잘했다고 생각되면 **5**점
어제의 학업 성취도 : **1** **2** **3** **4** **5**

날짜		월 일 요일	날씨	☀ ⛅ 🌧 ☃
일어난 시간		시 분	잠잔 시간	시 분

오늘의 point ◄ 오늘 꼭 해야할 일이나 중요한 일을 적고, 다음날 실천했는지 네모칸에 확인 ∨ 합니다.

1. ☐

2. ☐

3. ☐

1. 아래 사자성어의 음을 밑에 적으세요.

소리내
풀기

百年偕老
백 년 회 로

天高馬肥

電光石火

東西古今

父子有親

一夫多妻

男女有別

自己滿足

身土不二

2. 아래 사자성어와 올바른 음과 관련 있는 뜻을 연결하세요. (자를 대고 연결하세요)

身土不二 ·
· 사람과 자연은 하나다. 환경보호 ·
· 백년해로

自己滿足 ·
· 내가 제일 이뻐 ·
· 천고마비

男女有別 ·
· 남자와 여자는 다르다 ·
· 전광석화

一夫多妻 ·
· 한 남자가 여러 아내를 거느림 ·
· 동서고금

父子有親 ·
· 부모와 자식은 친해야 된다. ·
· 부자유친

東西古今 ·
· 예전부터 지금까지 ·
· 일부다처

電光石火 ·
· 번개불에 콩 볶아 먹듯이 ·
· 남녀유별

天高馬肥 ·
· 우리나라 가을 날씨 ·
· 자기만족

百年偕老 ·
· 결혼해서 한평생 행복하게 삶 ·
· 신토불이

3. 다음 한자의 훈(뜻)과 음(소리)을 적으세요.

天　　　　　火　　　　　男

高　　　　　父　　　　　女

石　　　　　子　　　　　土

4. 아래 단어의 올바른 음과 뜻을 연결하세요.

百方 ·　　· 남매(오라비와 누이)

老少 ·　　· 제자(후배)

高手 ·　　· 동방(동쪽방면)

東方 ·　　· 고수(경지에 오른 사람)

弟子 ·　　· 노소(늙은이와 젊은이)

男妹 ·　　· 백방(여러방면으로)

工夫 ·　　· 조부(할아버지)

出身 ·　　· 장족(갑자기 많은 발전)

長足 ·　　· 출신(어느 곳에서 태어남)

祖父 ·　　· 공부(학문을 닦음)

玉石 ·　　· 천하(하늘아래)

天下 ·　　· 옥석(좋은 것과 나쁜 것)

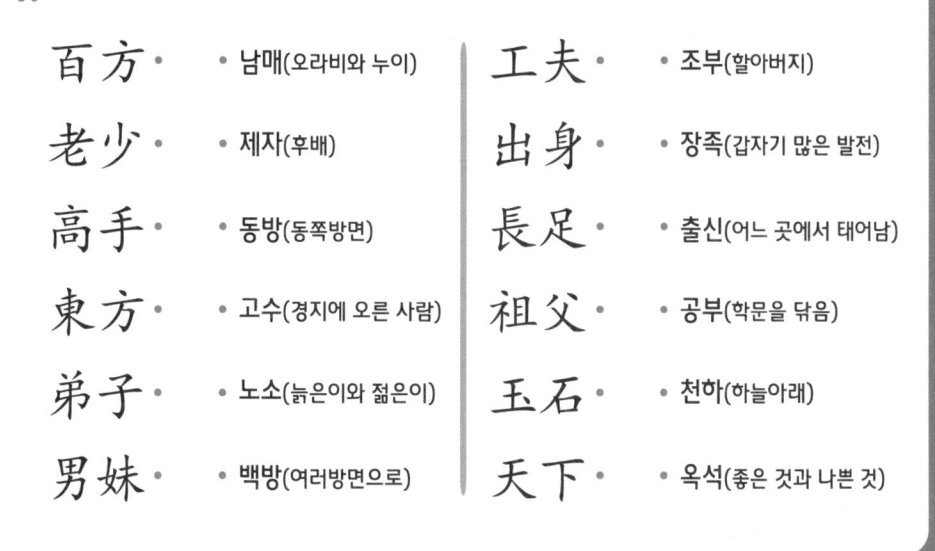

🐻 오늘의 준비

일어난 시간		시 　 분	날씨	☀ ⛅ 🌧 ☃
오늘 꼭! 할 일				

오늘의 할일을
✚적어봐요!

오늘의 나와
가장
가까운 답에
O표 하세요!

✦ 오늘의 기분은 어때요?　　☐ 좋아요.　☐ 나빠요.　☐ 그냥 그래요.

✦ 아침밥을 먹었나요?　　☐ 네.　☐ 아니요.

✦ 친구하고 사이좋게 지내고 있나요?　　☐ 네.　☐ 아니요.

✦ 오늘도 힘찬 하루를 보낼 준비 됐나요?　　☐ 네.　☐ 아니요.

21 죽마교우

아래 한자와 내용을 꼼꼼히 소리 내어 3번 읽어 보세요.

죽마교우

竹	馬	交	友
대나무 죽	말 마	사귈 교	벗 우

뜻 : 대나무로 竹 만든 말을 馬 타며 놀고 사귀던 交 옛 친구 友

속뜻 : 어릴 때부터 가까이 지내며 자란 친구(벗)라는 말

사용법 : 대환이와 나는 어릴 때부터 죽마교우야. 이번 일도 잘 할거야!

비슷한 말 : 소꿉친구, 불알친구, 깨대기친구(전라도 사쿠리)

> 죽마고우
> (竹馬故友)도
> 같은 뜻입니다.   tip

※ 죽마고우(竹馬故友)도
같은 뜻입니다.

1. 흐리게 적힌 글 위에 따라 적고, 옆에 2번 더 깨끗이 적어 보세요.

죽마교우

2. 위에서 배운 한자의 뜻과 음을 읽으면서 순서에 따라 써 보세요.

쓰는 순서 : 一 厂 厂 F 厍 馬 馬 馬 馬 馬 馬

馬	馬					
말 **마**	말 마					

쓰는 순서 : ` 一 宀 六 亣 交

交	交					
사귈 **교**	사귈 교					

3. 오늘 배운 한자가 들어간 단어를 배워 봅니다. (한자를 생각하며 천천히 3번 읽어 보세요)

마차 (馬車) : 말 마, 수레 차 ➡ 말이 끄는 수레
꽃으로 예쁘게 치장한 馬車가 참 멋있구나.

출마 (出馬) : 날 출, 말 마 ➡ ① 말을 타고 나감 ② 선거에 후보나 나감
학급 회장 선거에 出馬해서 17표를 얻어 1등으로 당선되었다.

백마 (白馬) : 흰 백, 말 마 ➡ 털이 흰색인 말
白馬 탄 왕자를 기다리지 말고, 白馬 탄 공주가 되자.

외교 (外交) : 바깥 외, 사귈 교 ➡ ① 밖의 사람과 협의함 ② 다른 나라와 나라일을 협의함.
다른 나라에 가서 우리나라를 위해 일하는 外交관이 되는 것이 내 꿈이야.

교대 (交代) : 사귈 교, 대신할 대 ➡ 어떤 일을 여럿이 나누어서 차례에 따라 맡아 함.
엄마가 편찮으시니까 동생과 交代로 간호를 해드려야겠다.

4. 현재 제일 친한 친구의 이름과 만나면 어떤 놀이를 하는지 적으세요.

_____

_____

tip 어릴 때의 친구만큼 자신을 잘 아는 사람도 없습니다. 6살 버릇이 60살(평생) 가니까요. ·‿·

🐦 **나의 생활 일기**

잘했다고 생각되면 **5**점
어제의 학업 성취도 : 1 2 3 4 5

날짜	월 일 요일	날씨	☀ ⛅ ☁ 🌧 ⛄
일어난 시간	시 분	잠잔 시간	시 분

오늘의 point ◀ 오늘 꼭 해야 할 일이나 중요한 일을 적고, 다음날 실천했는지 네모칸에 확인 V 합니다.

1. ☐

2. ☐

3. ☐

22 어동육서

 아래 한자와 내용을 꼼꼼히 소리 내어 3번 읽어 보세요.

어 동 육 서

魚	東	肉	西
물고기 **어**	동녘 **동**	고기 **육**	서녘 **서**

뜻 : 제사상을 차릴 때에 물고기魚종류는 동쪽에東, 육고기肉종류는 서쪽에西 놓는다.

관련말 : 홍동백서 (대추는 동쪽이고 밤은 서쪽)

사용법 : 제사상 차리는 법은 어동육서, 홍동백서로 차리면 돼. 그건 상식이지.

참고 : 제사는 돌아가신 자신의 선조(어른)들에게 감사하는 마음의 표현입니다.
제사를 지내면 좋지만, 못 지내더라도 감사의 마음은 가지도록 하세요.

 1. 흐리게 적힌 글 위에 따라 적고, 옆에 2번 더 깨끗이 적어 보세요.

어	동	육	서							

2. 위에서 배운 한자의 뜻과 음을 읽으면서 순서에 따라 써 보세요.

쓰는 순서 : ⺈ ⺈ ⺈ 刍 刍 备 鱼 鱼 鱼 魚 魚

魚	魚						
물고기 **어**	물고기 **어**						

쓰는 순서 : 丨 冂 冂 内 肉 肉

肉	肉						
고기 **육**	고기 **육**						

3. 오늘 배운 한자가 들어간 단어를 배워 봅니다. (한자를 생각하며 천천히 3번 읽어 보세요)

대어 (大魚) : 클 대, 물고기 어 ➡ 큰 물고기
낚시를 좋아하는 사람을 강태공이라고 하고, 大魚를 낚는 게 꿈이야.

인어 (人魚) : 사람 인, 물고기 어 ➡ ① 허리 위는 사람, 밑은 고기 ② 수영을 아주 잘함.
만수는 人魚같이 수영을 잘한다. 선수로 나가도 되겠어.

육신 (肉身) : 고기 육, 몸 신 ➡ 사람의 몸, 육체
요번 감기는 정말 독해서 걸리면 肉身이 모두 아파.

생육 (生肉) : 날 생, 고기 육 ➡ 생고기, 날고기　　참고 생육하다 ➡ 낳아서 기르다.
生肉으로 먹을 수 있는 고기는 몇 가지가 안돼. 소고기, 물고기 정도?

육수 (肉水) : 고기 육, 물 수 ➡ 고기를 삶아서 만든 진한 국물
잔치국수는 엄마가 만들어준 멸치肉水로 만들어야 제맛이지!

4. 우리집에서 제일 중요한 제사를 적고, 없으면 왜 없는지 물어보고 적으세요.

_____

_____

tip ✦ 자기 자신의 선조 중에서 가장 유명한 사람을 알아보세요. 없다면 자신이 제일 유명해져 보세요^^ ◡

🐻 오늘의 준비

오늘의 할일을
✦적어봐요!

일어난 시간	시	분	날씨	☀	⛅	🌧	☃
오늘 꼭 할일							

오늘의 나와
가장
가까운 답에
O표 하세요!

✦ 오늘의 기분은 어때요?　☐ 좋아요.　☐ 나빠요.　☐ 그냥 그래요.
✦ 아침밥을 먹었나요?　☐ 네.　☐ 아니요.
✦ 친구하고 사이좋게 지내고 있나요?　☐ 네.　☐ 아니요.
✦ 오늘도 힘찬 하루를 보낼 준비 됐나요?　☐ 네.　☐ 아니요.

23 단도직입

아래 한자와 내용을 꼼꼼히 소리 내어 3번 읽어 보세요.

단도직입

單	刀	直	入
혼자 **단**	칼 **도**	곧을 **직**	들 **입**

뜻 : 혼자單 칼을刀 흔들며 곧바로直 들어간다入

속뜻 : 글이나 말을 할때 길고 쓸때없는 것은 빼고 중요한 요점을 바로 말함

사용법 : 여러 말 할 것 없이 단도직입적으로 물어볼께. 네가 그랬지?

비슷한 말 : 거두절미(去頭截尾 갈 거, 머리 두, 끊을 절, 꼬리 미)➡ 머리, 꼬리 자르고

1. 흐리게 적힌 글 위에 따라 적고, 옆에 2번 더 깨끗이 적어 보세요.

단도직입

2. 위에서 배운 한자의 뜻과 음을 읽으면서 순서에 따라 써 보세요.

쓰는 순서 : 刀 刀

쓰는 순서 : 丿 入

3. 오늘 배운 한자가 들어간 단어를 배워 봅니다. (한자를 생각하며 천천히 3번 읽어 보세요)

단도 (短刀) : 짧을 단, 칼 도 → 짧은 칼   반대▶ **장도 (長刀)** : 긴 칼
수진아! 과일 깎을 短刀 좀 가져다 줄래?

입장 (入場) : 들 입, 마당 장 → 안으로 들어감   반대▶ **퇴장 (退場)** : 밖으로 나감
선수들이 경기장에 入場하고 있습니다.

입구 (入口) : 들 입, 입 구 → 들어가는 곳   반대▶ **출구 (出口)** : 나가는 곳
사람이 나가고 들어가는 곳을 出入口라고 한다.

기입 (記入) : 기록할 기, 들 입 → 종이나 공책에 적어 놓다.
돈을 어디에 썼는지 용돈記入장에 적어 놓으면, 돈을 모을 수 있다.

유입 (流入) : 흐를 유, 들 입 → 어떤 것(액체,기체,돈,문화,지식)이 흘러 들어옴.
이 약수는 안 좋은 것들이 流入되어 있을 수 있으니 확인하고 먹자.

4. 단도직입의 속뜻을 적고, 단도직입적으로 이야기한 경험이 있으면 적으세요.

_____

_____

_____

_____

_____

_____

24 자수성가

 아래 한자와 내용을 꼼꼼히 소리 내어 3번 읽어 보세요.

자 수 성 가

自 手 成 家
스스로 자 손 수 이룰 성 집 가

뜻 : 스스로의 自 힘으로 手 이룬 成 집 家

속뜻 : 남의 도움없이 스스로의 힘으로 사업에 성공하거나 큰 일을 이룸

사용법 : 민체 아버지는 지방에서 혼자 올라와서 자수성가하신 분이다.

비슷한 말 : 고진감래(苦盡甘來 쓸 고, 다할 진, 달 감, 올 래) ➡ 고생 끝에 낙이 온다

 1. 흐리게 적힌 글 위에 따라 적고, 옆에 2번 더 깨끗이 적어 보세요.

2. 위에서 배운 한자의 뜻과 음을 읽으면서 순서에 따라 써 보세요.

쓰는 순서 : ′ ⺊ ⺁ 自 自 自

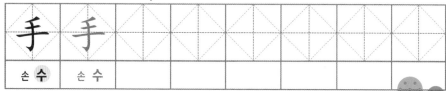

自	自			
스스로 자	스스로 자			

쓰는 순서 : ⺊ ⼆ ⺀ 手

手	手			
손 수	손 수			

3. 오늘 배운 한자가 들어간 단어를 배워 봅니다. (한자를 생각하며 천천히 3번 읽어 보세요)

자립 (自立) : 스스로 자, 설 립 → 남에게 의지하지 않고 스스로 일어 섬
언젠가는 부모의 슬하에서 自立해서 혼자 지내야 한다. 지금부터 준비하자.

자력 (自力) : 스스로 자, 힘 력 → 자기 혼자의 힘
自立을 하려면 自力으로 돈도 벌고, 행복하게 보내는 능력이 있어야지.

수공 (手工) : 손 수, 장인 공 → ① 손으로 만드는 간단한 물건(작품) ② 손으로 하는 일
이 일은 手工이 많이 들어가는 일이다. 다른 방법을 생각해 보자.

목수 (木手) : 나무 목, 손 수 → 나무를 이용하여 집을 짓거나 물건을 만드는 사람
나무에 대해 잘 알아야 좋은 木手가 될 수 있다.

백수 (白手) : 흰 백, 손 수 → ① 맨손 ② 하는 일 없이 빈둥거리며 놀고먹는 사람
그렇게 놀다가는 白手 되기 딱이야. 나중에 후회하지 마.

4. 자수성가의 속뜻을 적고, 자수성가하기 위해 필요한 것을 적어보세요.

_____

_____

_____

_____

_____

_____

tip 혼자 힘으로 무엇을 이루기가 힘들 때도 있습니다. 너무 어려울때는 도움을 요청해 보세요.

아래 한자와 내용을 꼼꼼히 소리 내어 3번 읽어 보세요.

자모지심

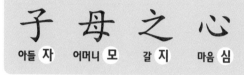

子 母 之 心
아들 자 어머니 모 갈 지 마음 심

뜻 : 자식을 子 사랑하는 어머니의 母 之 마음 心 (자애로운 어머니의 마음)

속뜻 : 아들을 생각하는 어머니의 마음같이 따뜻한 마음

사용법 : 우리 담임 선생님은 자모지심의 심정으로 학생들을 가르치신다.

관련어 : 부정 夫情 ➡ 자식에 대한 아버지의 마음

1. 흐리게 적힌 글 위에 따라 적고, 옆에 2번 더 깨끗이 적어 보세요.

자	모	지	심					

2. 위에서 배운 한자의 뜻과 음을 읽으면서 순서에 따라 써 보세요.

쓰는 순서 : ㄱ 了 子

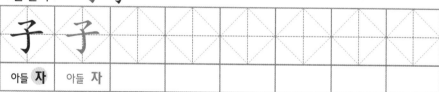

子	子				
아들 **자**	아들 자				

쓰는 순서 : ㄴ 긛 母 母 母

母	母				
어머니 **모**	어머니 모				

3. 오늘 배운 한자가 들어간 단어를 배워 봅니다. (한자를 생각하며 천천히 3번 읽어 보세요)

노모 (老母) : 늙을 노, 어머니 모 ➡ 늙으신 어머니
고향에 계신 老母를 생각해서 자주 연락드리렴.

모녀 (母女) : 어머니 모, 여자 녀 ➡ 어머니와 딸
우리 母女는 생긴 것도 비슷하고, 좋아하는 것도 비슷하다.

모국 (母國) : 어머니 모, 나라 국 ➡ ① 자기의 나라 ② 떨어져 나간 나라의 원래 나라
외국에 나가게 되면 母國을 사랑하는 마음이 더욱 커지게 된다.

인심 (人心) : 사람 인, 마음 심 ➡ ① 사람의 마음 ② 남의 사정을 도와주려는 마음
사람이 人心이 없으면 주위에 사람이 없게 된다.

중심 (中心) : 가운데 중, 마음 심 ➡ ① 한가운데 ② 기본이 되는 부분 ③ 확고한 생각
① 원의 中心 ② 문화의 中心 ② 갈팡질팡하지 말고 中心을 잡아.

4. 자모지심의 속뜻을 적고, 자식은 부모님을 어떻게 생각해야 될지 적으세요.

_____

_____

_____

_____

_____

_____

tip 나를 위해 걱정하고 노력하고, 고생해 주시는 분은 부모님 외에는 아무도 없습니다.

26 금지옥엽

월 일

시 분

소리내
읽기

아래 한자와 내용을 꼼꼼히 소리 내어 3번 읽어 보세요.

금지옥엽

金	枝	玉	葉
쇠 **금**	가지 **지**	구슬 **옥**	잎 **엽**

뜻 : **금으로**金 된 가지와枝 옥으로玉 되어있는 잎葉

속뜻 : ① 임금의 가족과 자손 ② 아주 귀한 자손

사용법 : 금지옥엽같이 다 해주면서 키운 자식보다 사랑과 매로 키운 자식이 낫다.

관련어 : 고명딸 ➡ 음식의 모양과 빛깔을 내는 고명과 같은 딸 (아들만 있는 집의 외동딸)

소리내
풀기

1. 흐리게 적힌 글 위에 따라 적고, 옆에 2번 더 깨끗이 적어 보세요.

금지옥엽

2. 위에서 배운 한자의 뜻과 음을 읽으면서 순서에 따라 써 보세요.

쓰는 순서 : ㅣ 人 ㅅ 仐 仐 余 金 金

金	金				
쇠 **금**	쇠 금				

쓰는 순서 : 一 二 干 干 玉 玉

玉	玉				
구슬 **옥**	구슬 옥				

63

3. 오늘 배운 한자가 들어간 단어를 배워 봅니다. (한자를 생각하며 천천히 3번 읽어 보세요)

선금 (先金) : 먼저 선, 쇠 금 ➡ 무엇을 사거나, 대가를 치를 때 일부를 먼저 주는 돈
집을 계약하면 先金을 줘야 하고, 나머지 잔금은 이사할 때 줘야 한다.

입금 (入金) : 들 입, 쇠 금 ➡ ① (은행에) 들어오는 돈 반대 **출금 (出金)** : 찾은 돈
나는 한 달에 한 번씩 돈을 모아 은행에 入金하고 있다.

금품 (金品) : 쇠 금, 물건 품 ➡ 돈과 물품
사람을 괴롭혀서 金品을 빼앗는 것은 나쁜 일입니다. 감옥에 갑니다.

백옥(白玉)같다 : 흰 백, 구슬 옥 ➡ '흰색 옥같이 하얀 색이다'는 표현
白玉같이 고운 피부, 白玉 같은 얼굴

주옥(珠玉)같은 : 구슬 주, 구슬 옥 ➡ '주옥처럼 매우 아름답거나 귀하다'는 표현
모짜르트는 생전에 珠玉같은 작품을 많이 만들었다.

4. 자신이 금지옥엽 같이 생각하는 것을 생각해서, 3가지를 적어보세요.

_____

_____

tip 선금을 주고 남은 돈을 잔금(殘金)이라고 합니다. 잔돈 할때 殘(남을 잔) 자를 씁니다. :)

🐻 **오늘의 준비**

일어난 시간	시	분	날씨	☀	⛅	🌧	⛄
오늘 꼭! 할 일							

오늘의 할일을 ✚적어봐요!

오늘의 나와 가장 가까운 답에 O표 하세요!

✦ 오늘의 기분은 어때요? ☐ 좋아요. ☐ 나빠요. ☐ 그냥 그래요.
✦ 아침밥을 먹었나요? ☐ 네. ☐ 아니요.
✦ 친구하고 사이좋게 지내고 있나요? ☐ 네. ☐ 아니요.
✦ 오늘도 힘찬 하루를 보낼 준비 됐나요? ☐ 네. ☐ 아니요.

27 무주공산

아래 한자와 내용을 꼼꼼히 소리 내어 3번 읽어 보세요.

무주공산

無	主	空	山
없을 **무**	주인 **주**	빌 **공**	뫼 **산**

뜻 : 주인主 없이無 비어空있는 산山

속뜻 : 어떤 것이 확실한 주인이 없는 상태여서 차지하는 사람이 임자가 되는 경우에 씁니다.

사용법 : 오랑캐가 쳐들어왔다 가서 서북지역은 무주공산이나 다름없습니다.

관련어 : 무혈입성 無血入城 (없을 무, 피 혈, 들 입, 성 성)➡ 피 흘리지 않고 성을 점령함

1. 흐리게 적힌 글 위에 따라 적고, 옆에 2번 더 깨끗이 적어 보세요.

무	주	공	산					

2. 위에서 배운 한자의 뜻과 음을 읽으면서 순서에 따라 써 보세요.

쓰는 순서 : ⼂ ⼂ ⼀ ⼀ 主

主	主		
주인 **주**	주인 주		

쓰는 순서 : ㅣ ㅛ 山

山	山		
뫼 **산**	뫼 산		

3. 오늘 배운 한자가 들어간 단어를 배워 봅니다. (한자를 생각하며 천천히 3번 읽어 보세요)

주력 (主力) : 임금 주, 힘 력 → ① 중심되는 힘 ② 군대나 모임의 중심되는 사람들
우리 학교의 主力은 우리 반에 다 있다.

주식 (主食) : 임금 주, 밥 식 → 기니 때마다 주로 먹는 음식 (밥, 빵등)
가끔씩은 主食 말고 다른 음식을 먹고 싶다. 오늘은 치킨이 먹고 싶은데...

차주 (車主) : 주레 차, 임금 주 → 차의 주인
지하에 주차하신 3696번 車主께서는 지금 즉시 이동 주차해 주십시오.

등산 (登山) : 오를 등, 뫼 산 → 산에 오르다
나는 주말에 가족들과 登山는 것이 가장 행복하다.

하산 (下山) : 아래 하, 뫼 산 → ① 산을 내려가다 ② 수련을 다하고 사회로 돌아감.
너는 모든 것을 다 배웠으니 이제 下山하여 너의 꿈을 펼치거라.

4. 무주공산의 속뜻을 적으세요.

_____

_____

tip 쉽게 얻은 것은 쉽게 잃어버리기 쉽습니다. 쉬운 것을 바라지말고 지키는 것에도 노력해야 합니다.

🐢 나의 생활 일기

잘했다고 생각되면 **5**점
어제의 학업 성취도 : **1 2 3 4 5**

날짜	월 일 요일	날씨	☀ ⛅ ☁ ⛄
일어난 시간	시 분	잠잔 시간	시 분

오늘의 point ← 오늘 꼭 해야할 일이나 중요한 일을 적고, 다음날 실천했는지 네모칸에 확인 ∨ 합니다.

1.	☐
2.	☐
3.	☐

월 일
시 분

아래 한자와 내용을 꼼꼼히 소리 내어 3번 읽어 보세요.

좌 지 우 지

左	之	右	之
왼 **좌**	갈 **지**	오른쪽 **우**	갈 **지**

뜻 : 왼쪽으로左 가게하고之 오른쪽으로右 가게한다之

속뜻 : 어떤 일이나 사람, 동물등을 제 마음대로 처리하거나 다룬다는 뜻입니다.

사용법 : 민희 말에 너무 좌지우지되지 말고 너의 생각대로 행동해라.

관련된 말 : 줏대 ➡ 자기의 처지나 생각을 꿋꿋이 지키고 내세우는 기질이나 기풍

1. 흐리게 적힌 글 위에 따라 적고, 옆에 2번 더 깨끗이 적어 보세요.

좌	지	우	지					

2. 위에서 배운 한자의 뜻과 음을 읽으면서 순서에 따라 써 보세요.

쓰는 순서 : 一 ナ ナ ナ 左

左	左				
왼 **좌**	왼 **좌**				

쓰는 순서 : 一 ナ 広 右 右

右	右				
오른쪽 **우**	오른쪽 **우**				

3. 오늘은 비슷해 보이지만 뜻이 다른 사자성어를 한개 더 배워 봅니다.

우왕좌왕 | 右 往 左 往
오른쪽 **우**　갈 **왕**　왼 **좌**　갈 **왕**

뜻 : 오른쪽右으로 갔다가往 왼쪽左으로 갔다가往 한다.

속뜻 : 오른쪽으로 갔다가 왼쪽으로 갔다가며 종잡지 못하고 사방으로 왔다갔다함.

사용법 : 왜 이렇게 정신 못 차리고 우왕좌왕하고 있니? 정신 사납다 가만히 좀 있어.

비슷한 말 : ① 중심을 못잡고 ② 초조하게 ③ 줏대없이 ④ 오두방정을 떨고

4. 좌지우지와 우왕좌왕의 뜻을 적어 보세요.

_____

_____

_____

_____

tip 오른쪽 右는 밑에 口(밥을 먹으니까)가 있고, 왼 左는 工(만들때는 두손을 다쓰니까)이 있습니다.

오늘의 나와
가장
가까운 답에
O표 하세요!

✦ 오늘의 기분은 어때요?　☐ 좋아요.　☐ 나빠요.　☐ 그냥 그래요.

✦ 아침밥을 먹었나요?　☐ 네.　☐ 아니요.

✦ 친구하고 사이좋게 지내고 있나요?　☐ 네.　☐ 아니요.

✦ 오늘도 힘찬 하루를 보낼 준비 됐나요?　☐ 네.　☐ 아니요.

29 학행일치

아래 한자와 내용을 꼼꼼히 소리 내어 3번 읽어 보세요.

학 행 일 치

學	行	一	致
배울 **학**	다닐 **행**	한 **일**	이를 **치**

뜻 : 배움과學 행동은行 하나로一 이른다致(일치한다)

속뜻 : ① 배움과 행함이 같다. ② 배운대로 행동한다는 뜻입니다.

사용법 : 한심한 사람이 되지 않으려면 언제나 학행일치 되도록 노력해야 한다.

비슷한 말 : 언행일치 言行一致 (말씀 언) ➡ ① 말과 행동이 같다. ② 말한대로 행동함.

1. 흐리게 적힌 글 위에 따라 적고, 옆에 2번 더 깨끗이 적어 보세요.

학	행	일	치							

2. 위에서 배운 한자의 뜻과 음을 읽으면서 순서에 따라 써 보세요.

쓰는 순서 : ´ ` ` ` ` ` ` ` ` ` ` ` ` 學 學 學 學

學	學				
배울 **학**	배울 **학**				

쓰는 순서 : ´ ˊ ㄔ 彳 行 行

行	行				
다닐 **행**	다닐 **행**				

3. 오늘 배운 한자가 들어간 단어를 배워 봅니다. (한자를 생각하며 천천히 3번 읽어 보세요)

학력 (學力) : 배울 학, 힘 력 → 학문(공부)의 실력
學力이 높다고 해서 모두 훌륭한 사람은 아니다. 인간이 되어야 한다.

학자 (學子) : 배울 학, 사람 자 → 학문에 능통한 사람, 학문을 연구하는 사람
우리 학교 출신의 훌륭한 學子들이 많이 있다.

견학 (見學) : 볼 견, 배울 학 → 실제 보면서 구체적인 지식을 배움(보고 배우기)
다음 주에 식물원으로 見學 가기로 되어있다. 좋은 날씨가 예상된단다.

현행 (現行) : 나타날 현, 다닐 행 → 현재 행하여지고 있는 것.
잘못된 법들이 現行되고 있어 급히 수정이 필요하다.

언행 (言行) : 말씀 언, 다닐 행 → 말과 행동
올바른 생각에서 바른 言行이 나온다.

4. 학행일치의 속뜻을 적고, 자신의 행동 중 좋은 버릇이 있으면 적으세요.

_____

_____

_____

_____

_____

_____

tip 알면서 하지 않는 것이 몰라서 못한 것보다 더 나쁩니다. 배운 데로 알맞게 행동하세요.

1. 아래 사자성어의 음을 밑에 적으세요.

竹馬交友   魚東肉西   單刀直入

自手成家   子母之心   金枝玉葉

無主空山   左之右之   學行一致

2. 아래 사자성어와 올바른 음과 관련 있는 뜻을 연결하세요. (자를 대고 연결하세요)

竹馬交友 ·   · 배운 데로 행동해라   · 죽마교우

魚東肉西 ·   · 어릴때 친하게 놀던 친구   · 어동육서

單刀直入 ·   · 생선은 동쪽에 소고기는 서쪽에   · 단도직입

自手成家 ·   · 요점만 말하면   · 자수성가

子母之心 ·   · 혼자 성공한 사람   · 자모지심

金枝玉葉 ·   · 어머니의 마음   · 금지옥엽

無主空山 ·   · 아주 귀한 자녀   · 무주공산

左之右之 ·   · 임자 없는 땅   · 좌지우지

學行一致 ·   · 다른 사람을 마음대로 조정함   · 학행일치

3. 다음 한자의 훈(뜻)과 음(소리)을 적으세요. (한자를 생각하며 천천히 3번 읽어 보세요)

學	自	玉
行	心	主
刀	左	右

4. 아래 단어의 올바른 음과 뜻을 연결하세요.

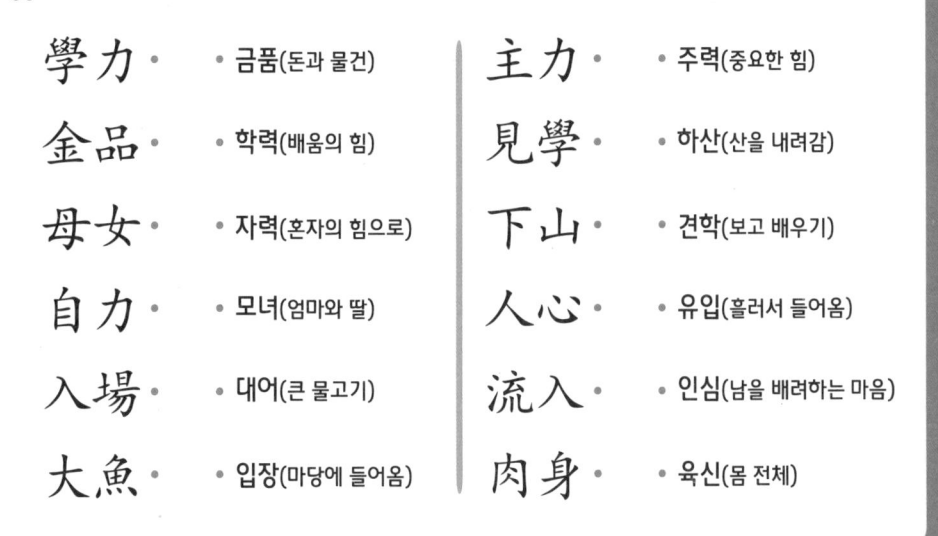

學力	·	· 금품(돈과 물건)	主力	·	· 주력(중요한 힘)
金品	·	· 학력(배움의 힘)	見學	·	· 하산(산을 내려감)
母女	·	· 자력(혼자의 힘으로)	下山	·	· 견학(보고 배우기)
自力	·	· 모녀(엄마와 딸)	人心	·	· 유입(흘러서 들어옴)
入場	·	· 대어(큰 물고기)	流入	·	· 인심(남을 배려하는 마음)
大魚	·	· 입장(마당에 들어옴)	肉身	·	· 육신(몸 전체)

🐻 오늘의 준비

오늘의 할일을 ✦적어봐요!

| 일어난 시간 | 시 분 | 날씨 | ☀ ☁ ☂ ⛄ |
| 오늘 꼭! 할 일 | | | |

오늘의 나와 가장 가까운 답에 O표 하세요!

✦ 오늘의 기분은 어때요? ☐ 좋아요. ☐ 나빠요. ☐ 그냥 그래요.
✦ 아침밥을 먹었나요? ☐ 네. ☐ 아니요.
✦ 친구하고 사이좋게 지내고 있나요? ☐ 네. ☐ 아니요.
✦ 오늘도 힘찬 하루를 보낼 준비 됐나요? ☐ 네. ☐ 아니요.

31 아전인수

 아래 한자와 내용을 꼼꼼히 소리 내어 3번 읽어 보세요.

아 전 인 수

我	田	引	水
나 아	밭 전	끌 인	물 수

뜻 : 자기我 밭에만田 물을水 끌어引 넣는다

속뜻 : ① 자기의 이익만을 먼저 생각하거나 행동함 ② 억지로 자기에게 이롭도록 꾀를 씀

사용법 : 이기적인 사람을 아전인수격인 사람이라고 한다. 현수는 아닐거야.

비슷한 말 : 제 논에 물 대기   **반대말** : 역지사지 易地思之 ➡ 처지를 바꾸어 생각함

1. 흐리게 적힌 글 위에 따라 적고, 옆에 2번 더 깨끗이 적어 보세요.

아전인수

2. 위에서 배운 한자의 뜻과 음을 읽으면서 순서에 따라 써 보세요.

쓰는 순서 : 丨 冂 冂 田 田

田	田				
밭 **전**	밭 전				

쓰는 순서 : 亅 기 才 水

水	水				
물 **수**	물 수				

3. 오늘 배운 한자가 들어간 단어를 배워 봅니다. (한자를 생각하며 천천히 3번 읽어 보세요)

전원 (田園) : 밭 전, 동산 원 ➡ ① 시골 ② 논밭과 동산

산수 (山水) : 뫼 산, 물 수 ➡ ① 자연 ② 산과 물   　참고　 산수화 ➡ 자연을 그린 그림

생수 (生水) : 날 생, 물 수 ➡ ① 자연에서 나오는 맑은 물 ② 끓이거나 소독하지 않은 물

지하수 (地下水) : 땅 지, 아래 하, 물 수 ➡ 땅 속에 빗물이 모여 생긴 물

상수도 (上水道) : 윗 상, 물 수, 길 도 ➡ 수도물(깨끗한 물)이 들어오는 설비

> 민수는 가족들과 도시를 벗어나 田園생활을 하기 위해 山水 좋은 곳에 집을
> 짓기로 했다. 먹을 물은 地下水를 生水로 먹고, 사용할 물은 강에서 上水道를
> 만들어 생활하는데 불편함이 없었다.

4. 아전인수의 속뜻을 적고, 아전인수하면 밭주인의 마음은 어떨지 적어보세요.

칸에 맞춰 적으면 좋지만, 무시하고 적어도 됩니다.

tip 자기 논에 물들어 가는 것과 자기 자식이 밥 잘 먹는것이 제일 보기 좋습니다. ‿◡‿

🐤 나의 생활 일기

잘했다고 생각되면 **5점**

어제의 학업 성취도 : **1 2 3 4 5**

날 짜	월 일 요일	날 씨	☀ ⛅ ☂ ⛄
일어난 시간	시 분	잠잔 시간	시 분

오늘의 point ◀ 오늘 꼭 해야할 일이나 중요한 일을 적고, 다음날 실천했는지 네모칸에 확인 ∨ 합니다.

1. ☐

2. ☐

3. ☐

아래 한자와 내용을 꼼꼼히 소리 내어 3번 읽어 보세요.

열혈남아

熱	血	男	兒
더울 **열**	피 **혈**	사내 **남**	아이 **아**

뜻 : 뜨거운熱 피가血 흐르는 사내男 아이兒

속뜻 : 열정의 피가 끓는 사나이, 혈기가 극히 왕성한 남자

사용법 : 우리 반 남학생들은 열혈남아가 많은 것 같애. 여학생들을 보호해 줘.

비슷한 말 : 마초 ➡ ① 다듬어지지 않은 야성미 넘치는 남자 ② 거칠고 힘만 센 단순한 성격

1. 흐리게 적힌 글 위에 따라 적고, 옆에 2번 더 깨끗이 적어 보세요.

열	혈	남	아					

2. 위에서 배운 한자의 뜻과 음을 읽으면서 순서에 따라 써 보세요.

쓰는 순서 : ′ ′ 白 白 血 血

血	血					
피 **혈**	피 **혈**					

쓰는 순서 : ′ ′ ′ 白 白 白 臼 兒

兒	兒					
아이 **아**	아이 **아**					

3. 오늘 배운 한자가 들어간 단어를 배워 봅니다. (한자를 생각하며 천천히 3번 읽어 보세요)

출혈 (出血) : 날 **출**, 피 **혈** ➡ ① 피가 남 ② 돈을 많이 쓰거나, 명예에 많은 피해를 봄
① 出血이 심한 환자   ② 친구에게 과자를 사줬더니 出血이 심한데. ㅠㅠ

심혈 (心血) : 마음 **심**, 피 **혈** ➡ ① 온 정신과 모든 힘 ② 심장의 피
다음 대회를 위해 心血을 기울여 노력을 해서 우승을 거두자.

무혈 (無血) : 없을 **무**, 피 **혈** ➡ 전쟁이나 싸움에 피 흘리지 않음 (피해를 보지않음)
무혈입성(無血入城) : 피를 흘리지 않고(싸우지 않고 싶게) 성을 점령함.

다혈 (多血) : 많을 **다**, 피 **혈** ➡ ① 피가 많아 혈기 왕성함. ② 감정변화가 심함
熱血男兒는 多血질이고, 마초 기질을 가지고 있다.

소아 (小兒) : 작을 **소**, 아이 **아** ➡ 어린 아이 (만2살부터 만12살까지)
어린 아이들이 아프면 小兒과가 가야 한다.

4. 열혈남아의 속뜻을 적고, 주변에서 비슷한 사람이 있으면 적어 보세요.

칸에 맞춰 적으면 좋지만, 무시하고 적어도 됩니다.

tip 만12세부터 만19세(중학생과 고등학생)까지를 청소년이라고 합니다.

오늘의 준비
오늘의 할일을
적어봐요!

일어난 시간	시	분	날씨	☀	⛅	🌧	⛄
오늘 꼭! 할일							

33 집중호우

월 일
시 분

아래 한자와 내용을 꼼꼼히 소리 내어 3번 읽어 보세요.

집중호우

集　中　豪　雨
모을 **집**　가운데 **중**　호걸 **호**　비 **우**

뜻 : 모아서集 가운데中 굳세게豪 내리는 비雨

속뜻 : 짧은 시간에 집중적으로 쏟아지는 비

사용법 : 오늘 날씨는 태풍의 영향으로 중부지방에 집중호우가 예상됩니다.

관련어 : 가뭄➡오랫동안 계속 비가 오지 않는 날씨　　폭우(호우)➡집중호우와 비슷한 말

　　　　폭염➡찌는 듯한 더위, 불볕더위　　홍수➡비가 많이 와서 강, 개천이 넘치는 것

1. 흐리게 적힌 글 위에 따라 적고, 옆에 2번 더 깨끗이 적어 보세요.

집	중	호	우								

2. 위에서 배운 한자의 뜻과 음을 읽으면서 순서에 따라 써 보세요.

쓰는 순서 : 丨 冂 口 中

中	中			
가운데 **중**	가운데 중			

쓰는 순서 : 一 ㅡ 冂 币 币 雨 雨 雨

雨	雨			
비 **우**	비 우			

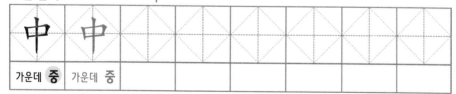

77

3. 오늘 배운 한자가 들어간 단어를 배워 봅니다. (한자를 생각하며 천천히 3번 읽어 보세요)

공중 (空中) : 빌 空, 가운데 中 ➡ 하늘의 가운데 (공기만 있고 아무것도 없는 땅 위)
불에 고기를 구우니 연기가 空中에 흩어졌다. 맛있는 냄새가 났다.

수중 (水中) : 물 水, 가운데 中 ➡ 물 속 ② 수영을 아주 잘함.
우리나라 동해안에 석유나 가스가 있기를 바라며 水中탐사를 계속 했다.

수중 (手中) : 손 手, 가운데 中 ➡ ① 손안 ② 자신의 소유한 재산이나 권력의 범위
손오공이 아무리 달아나도 부처님 手中에서 벗어날 수가 없다.

심중 (心中) : 마음 心, 가운데 中 ➡ 마음 속
훈민이가 나를 좋아하는지 心中을 들여다볼 수 없을까?

중립 (中立) : 가운데 中, 설 立 ➡ 어느 쪽에도 편들지 않고 중간에 있음.
나와 친한 친구 2명이 서로 싸우고 있으면 나는 中立을 지키려고 해.

4. 우산이 없는데 갑자기 집중호우를 만나면 어떻게 할지 적어 보세요.

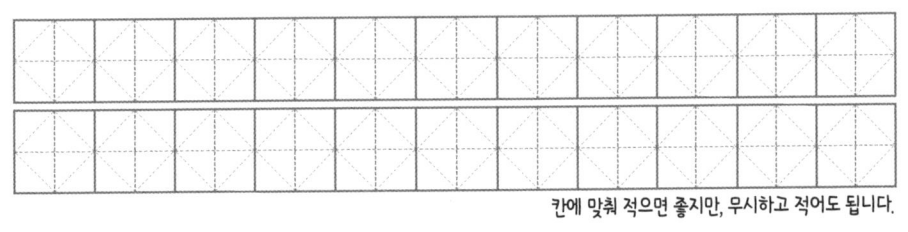

칸에 맞춰 적으면 좋지만, 무시하고 적어도 됩니다.

tip 소나기는 피해 가라는 말이 있습니다. 안 좋은 일들이 있을 때는 행동에 조심하라는 말입니다. ☺

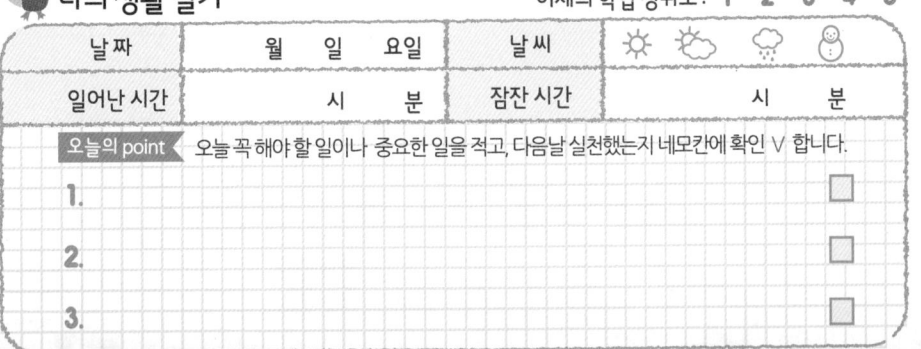

나의 생활 일기

잘했다고 생각되면 **5**점
어제의 학업 성취도 : 1 2 3 4 5

날짜	월 일 요일	날씨	☀ ☁ 🌧 ⛄
일어난 시간	시 분	잠잔 시간	시 분

오늘의 point ◀ 오늘 꼭 해야 할 일이나 중요한 일을 적고, 다음날 실천했는지 네모칸에 확인 ∨ 합니다.

1. ☐

2. ☐

3. ☐

소리내 읽기

아래 한자와 내용을 꼼꼼히 소리 내어 3번 읽어 보세요.

백의종군

白	衣	從	軍
흰 **백**	옷 **의**	좇을 **종**	군사 **군**

뜻 : 흰옷을 白衣 입고 군대를 軍 쫓다 幕

속뜻 : (원래는 높은 사람인데) 벼슬 없이 군대를 따라 싸움터로 가다.

사용법 : 벼슬 없이 백의종군하여 13척의 전함으로 일본의 대함대에게 승리한 이순신!!

상식 : 백의민족 白衣民族 ➡ 옛부터 흰옷입기를 좋아해서 외국에서 부름. 별뜻 없음.

소리내 쓰기

1. 흐리게 적힌 글 위에 따라 적고, 옆에 2번 더 깨끗이 적어 보세요.

백의종군

2. 위에서 배운 한자의 뜻과 음을 읽으면서 순서에 따라 써 보세요.

쓰는 순서 : ㆍ ㅡ ㅗ ㅗ 亠 衣 衣

衣	衣			
옷 **의**	옷 의			

쓰는 순서 : ㆍ ㄱ ㄲ ㄲ 冖 冒 冒 冒 軍 軍

軍	軍			
군사 **군**	군사 군			

3. 오늘 배운 한자가 들어간 단어를 배워 봅니다. (한자를 생각하며 천천히 3번 읽어 보세요)

의식주 (衣食住) : 옷 의, 밥 식, 살 주 → 인간 생활의 3대 요소 (옷, 음식, 집)

상의 (上衣) : 윗 상, 옷 의 → 상체에 입는 옷   참고 하의(下衣)→ 하체에 입는 옷

국군 (國軍) : 나라 국, 군사 군 → ① 한 나라에 소속되어 지키는 군대 ② 우리나라 군대

군가 (軍歌) : 군사 군, 노래 가 → 군대에서 기운 내기 위해 부르는 노래

해군 (海軍) : 바다 해, 군사 군 → 바다를 지키는 군대

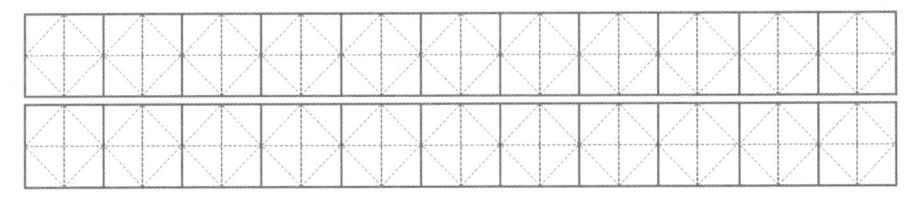

나의 동생은 기본적인 衣食住를 해결하기 위해 고향에 남아있고, 나는 우리나라 바다를 지키는 海軍에 입대하였다. 아침마다 軍歌를 부르며 행군하는 것이 힘들었지만, 上衣에 있는 태극기가 항상 자랑스럽다. 군인 중 우리 國軍이 최고다.

4. 백의종군의 속뜻을 적으세요.

오늘의 준비

오늘의 할일을 ✨적어봐요!

일어난 시간		시	분	날씨	☀	☁	🌧	⛄
오늘 꼭! 할 일								

오늘의 나와 가장 가까운 답에 O표 하세요!

		좋아요.	나빠요.	그냥 그래요.
✦ 오늘의 기분은 어때요?		☐ 좋아요.	☐ 나빠요.	☐ 그냥 그래요.
✦ 아침밥을 먹었나요?			☐ 네.	☐ 아니요.
✦ 친구하고 사이좋게 지내고 있나요?			☐ 네.	☐ 아니요.
✦ 오늘도 힘찬 하루를 보낼 준비 됐나요?			☐ 네.	☐ 아니요.

35 흑백논리

아래 한자와 내용을 꼼꼼히 소리 내어 3번 읽어 보세요.

흑백논리

黑	白	論	理
검을 **흑**	흰 **백**	논할 **논**	다스릴 **리**

뜻 : 검은색과黑 흰색으로만白 이야기하고論 다스린다理

속뜻 : 모든 문제를 흑과 백, 선과 악, 득과 실의 2가지로만 구분하고 중간은 없는 생각

비슷한 말 : ① 모 아니면 도 ② 죽기아니면 살기 ③ 고지식함(생각이 틀에 박힘)

관련어 : 편견(고정관념) ➡ 공정하지 못하고 한쪽으로만 치우친 생각

---

1. 흐리게 적힌 글 위에 따라 적고, 옆에 2번 더 깨끗이 적어 보세요.

흑백논리

2. 위에서 배운 한자의 뜻과 음을 읽으면서 순서에 따라 써 보세요.

쓰는 순서 : 丨 冂 冂 冃 罒 罒 甲 里 里 黑 黑 黑

黑	黑			
검을 **흑**	검을 흑			

쓰는 순서 : 丿 亻 白 白 白

白	白			
흰 **백**	흰 백			

81

3. 오늘 배운 한자가 들어간 단어를 배워 봅니다. (한자를 생각하며 천천히 3번 읽어 보세요)

흑인 (黑人) : 검을 흑, 사람 인 ➡ 피부색이 검은 사람,

흑심 (黑心) : 빌 공, 흰 백 ➡ 안 좋은 생각이나 남에게 피해를 주는 마음(생각)

공백 (空白) : 빌 공, 흰 백 ➡ ① 텅 비어서 아무것도 없음 ② 종이에 아무 표시가 없는 것

명백 (明白) : 밝을 명, 흰 백 ➡ 의심할 것 없이 아주 확실함

자백 (自白) : 스스로 자, 흰 백 ➡ 스스로 잘못한 것을 말함.(고백함)

> 4월 13일 저녁, 한국아파트 관리인의 空白을 틈타 黑心을 품고 침입하여 돈을 훔친 일이 있었습니다. 방범카메라 확인 결과 한 黑人이 확인되어 백방으로 찾아 다녀 오늘 잡았습니다. 그의 범행이 明白했고, 카메라를 보이자 自白하였습니다.

4. 흑백논리의 속뜻을 적고, 비슷한 말을 적어 보세요.

나의 생활 일기

잘했다고 생각되면 **5**점
어제의 학업 성취도 : **1 2 3 4 5**

| 날짜 | | 월 일 요일 | 날씨 | ☀ ☁ ☂ ☃ |
| 일어난 시간 | | 시 분 | 잠잔 시간 | 시 분 |

오늘의 point ◀ 오늘 꼭 해야할 일이나 중요한 일을 적고, 다음날 실천했는지 네모칸에 확인 V 합니다.

1. ☐

2. ☐

3. ☐

월 일
시 분

아래 한자와 내용을 꼼꼼히 소리 내어 3번 읽어 보세요.

주야장천

晝	夜	長	川
낮 주	밤 야	길 장	내 천

뜻 : 낮이나晝 밤이나夜 길게長 흐르는 강川

속뜻 : 하루종일, 끊임없이 계속, 쉼없이 계속, 밤낮으로, 연달아 등

사용법 : 부모님들은 주야장천 자식 걱정뿐입니다. 자기가 할 일은 자기가 알아서 하세요.

상식 : 주구장창, 주구장천등은 주야장천을 잘못 쓴 말입니다. 주야장천이 바른 말입니다.

1. 흐리게 적힌 글 위에 따라 적고, 옆에 2번 더 깨끗이 적어 보세요.

주야장천

2. 위에서 배운 한자의 뜻과 음을 읽으면서 순서에 따라 써 보세요.

쓰는 순서 : 一 厂 F F 토 톤 長 長

長	長			
길 **장**	길 장			

쓰는 순서 : ノ 刂 川

川	川			
내 **천**	내 천			

3. 오늘 배운 한자가 들어간 단어를 배워 봅니다. (한자를 생각하며 천천히 3번 읽어 보세요)

가장 (家長) : 집 가, 길 장 → ① 한 가정을 이끌어 가는 사람 ② 한 가정의 가장 어른
아버지가 출장 가시면 나는 家長을 대신해 엄마를 보호해 드릴 거야!

십장생 (十長生) : 열 십, 길 장, 날 생 → 오래 살고 죽지 않는다는 열 가지 생물
十長生과 같이 오래도록 건강하고 행복하게 사는 것을 바라지.

장문 (長文) : 길 장, 글월 문 → 긴 글
스승의 날을 맞이하여 감사하는 선생님께 長文의 편지를 적었다.

신장 (身長) : 몸 신, 길 장 → 키 (발바닥에서 머리끝까지의 길이) 참고 체중 → 몸무게
같은 나이의 아이보다 身長이 적으면 많이 먹고, 운동을 열심히 하면 돼.

하천 (河川) : 물 하, 내 천 → 강과 시내
河川에서 물놀이하는 것은 상당히 위험합니다.

4. 주야장천의 속뜻을 적고, 주변에서 주야장천한 것들을 찾아 적으세요.

tip 십장생(十長生) : 해, 산, 물, 돌, 구름, 소나무, 불로초, 거북, 학, 사슴

오늘의 나와 가장 가까운 답에 O표 하세요!

✦ 오늘의 기분은 어때요?　□ 좋아요.　□ 나빠요.　□ 그냥 그래요.

✦ 아침밥을 먹었나요?　□ 네.　□ 아니요.

✦ 친구하고 사이좋게 지내고 있나요?　□ 네.　□ 아니요.

✦ 오늘도 힘찬 하루를 보낼 준비 됐나요?　□ 네.　□ 아니요.

37 문전성시

Mon 월 일 시 분

소리내 읽기 아래 한자와 내용을 꼼꼼히 소리 내어 3번 읽어 보세요.

문 전 성 시

門	前	成	市
문 문	앞 전	이룰 성	저자 시

뜻 : 문門 앞에前 시장(저자)을市 이룬다成

속뜻 : 찾아오는 사람이 많아 집 문 앞이 시장을 이루다시피 한다는 말입니다.

사용법 : TV에 맛있는 집으로 나온 덕에 오늘 종일 문전성시를 이루었다.

비슷한 말 : 장사진 長蛇陣 ➡ 긴 뱀같은 줄 (많은 사람이 줄을 지어 길게 늘어서 있는 모양)

　　　　　　인산인해 人山人海 ➡ 사람의 산, 사람의 바다 (헤아릴 수 없이 많이 모인 사람)

 소리내 풀기

1. 흐리게 적힌 글 위에 따라 적고, 옆에 2번 더 깨끗이 적어 보세요.

문	전	성	시						

2. 위에서 배운 한자의 뜻과 음을 읽으면서 순서에 따라 써 보세요.

쓰는 순서 : 丨 冂 冂 冃 冃 冃 門 門 門

門	門				
문 **문**	문 문				

쓰는 순서 : ㇒ ㇔ 丷 产 芀 莳 莳 前 前

前	前				
앞 **전**	앞 전				

3. 오늘 배운 한자가 들어간 단어를 배워 봅니다. (한자를 생각하며 천천히 3번 읽어 보세요)

가문 (家門) : 클 대, 물고기 어 ➡ 가족과 친지들로 이루어진 집단, 그들의 사회적 지위
우리 집안은 신라시대부터 이름난 좋은 家門이야

정문 (正門) : 바를 정, 문 문 ➡ 건물의 정면에 있는 큰 문
민지야, 오늘 12시에 학교 正門에서 만나자.

명문 (名門) : 이름 명, 문 문 ➡ ① 이름 있는 훌륭한 집안 ② 이름난 좋은 학교
우리 가문은 신라시대부터 名門가였어. 훌륭한 인재를 많이 배출했지.

전방 (前方) : 앞 전, 모 방 ➡ ① 앞쪽 ② 적과 바로 마주하고 있는 지역
① 걸을때는 前方을 잘 보면서 걷자. ② 나는 배구할 때 前方에 선다.

전후 (前後) : 앞 전, 뒤 후 ➡ ① 앞과 뒤 ② 먼저와 나중
누군가의 편을 들려고 하면 前後 사정을 잘 알고 들어야 된다.

4. 문전성시의 속뜻을 적고, 주변에서 문전성시하는 곳을 찾아 적어보세요.

tip 후방(後方) : ① 뒤쪽 ② 향하는 방향과 반대되는 방향 ③ 싸우는 곳에서 비교적 뒤쪽(전방의 뒤)

나의 생활 일기

잘했다고 생각되면 **5**점
어제의 학업 성취도 : 1 2 3 4 5

날짜	월 일 요일	날씨	☀ ☁ ☂ ☃
일어난 시간	시 분	잠잔 시간	시 분

오늘의 point 오늘 꼭 해야 할 일이나 중요한 일을 적고, 다음날 실천했는지 네모칸에 확인 V 합니다.

1. ☐
2. ☐
3. ☐

 아래 한자와 내용을 꼼꼼히 소리 내어 3번 읽어 보세요.

생 년 월 일

生	年	月	日
날 생	해 년	달 월	날 일

뜻 : 태어난生 년도年 월月 시간日

관련어 : 연세年歲(춘추春秋)➡ 나이의 높임말   태생(胎生)➡ 태어난 곳

 1. 흐리게 적힌 글 위에 따라 적고, 옆에 2번 더 깨끗이 적어 보세요.

생년월일

2. 위에서 배운 한자의 뜻과 음을 읽으면서 순서에 따라 써 보세요.

쓰는 순서 : ノ ╯ ╯ ヶ ノ= 年

쓰는 순서 : ノ 刀 月 月

쓰는 순서 : ㅣ 冂 月 日

日	日								
날 **일**	날 일								

3. 오늘 배운 한자가 들어간 단어를 배워 봅니다. (한자를 생각하며 천천히 3번 읽어 보세요)

소년 (少年) : 적을 소, 해 년 → ① 어린 나이 ② 아주 어리지도 않고 다 크지도 않은 시기
boys be ambitious ! 少年이여 야망을 가져라! (보이즈 비 엠비션!)

학년 (學年) : 배울 학, 해 년 → 수업하는 수준에 따라 1년 단위로 나눈 단계
이제 고學年이 되었으니 더더욱 열심히 해야겠다.

평년 (平年) : 평평할 평, 해 년 → ① 보통의 해 ② 특별하지 않는 해 ③ 큰 사건이 없는 해
올해는 큰 태풍도 없었고, 날씨도 좋아서 平年을 웃도는 풍년이 될 것 같다.

매월 (每月) : 늘 매, 달 월 → ① 매달 (한달한달마다) ② 한달마다 정기적으로
每月 한 번씩 모여서 축구시합을 하기로 하였다. 평소에 연습해야겠다.

정월 (正月) : 바를 정, 달 월 → 음력 1월 **참고** 정월대보름 → 음력1월15일(보름달)
正月대보름에는 오곡밥과 귀밝이술을 먹고 복조리를 걸어놓는다.

4. 우리 가족의 생년월일을 모두 적어 보세요. (조부모님도 같이 적어 보세요)

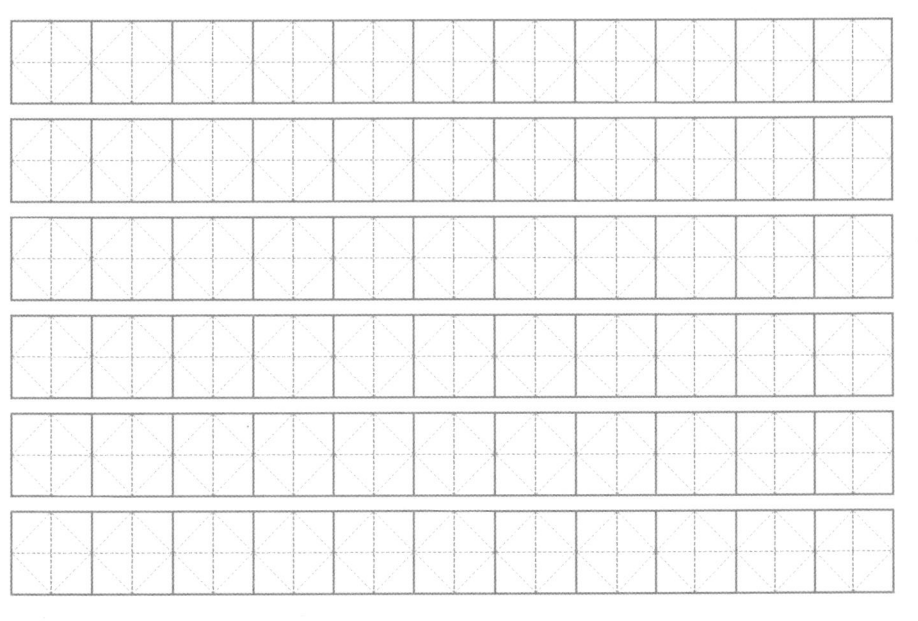

 달이 지구를 1바퀴 도는 것을 기준으로 음력을 만들었고, 음력 15일에는 매월 보름달이 뜹니다.

39 일사천리

Mon 월 일
시 분

소리내 읽기

아래 한자와 내용을 꼼꼼히 소리 내어 3번 읽어 보세요.

일 사 천 리 　 一 　 瀉 　 千 　 里

한 **일** 　 쏟을 **사** 　 일천 **천** 　 마을 **리**

뜻 : 한번 一 쏟아지면 瀉 천리를 千里 간다. (강물이 쏟아져 한번에 천리를 간다)

속뜻 : ① 어떤 일이 거침없이 빨리 진행된다는 말 ② 글이나 말이 막힘없이 이어질 때

사용법 : 현정이의 전학 절차가 일사천리로 진행되어 하루만에 우리 학교로 왔다.

관련어 : 오리무중 五里霧中➡ 짙은 안개가 5리나 끼어 있다.(일의 갈피를 잡기가 어려움)

소리내 쓰기

1. 흐리게 적힌 글 위에 따라 적고, 옆에 2번 더 깨끗이 적어 보세요.

일	사	천	리							

2. 위에서 배운 한자의 뜻과 음을 읽으면서 순서에 따라 써 보세요.

쓰는 순서 : 　ノ　二　千

千	千				
일천 **천**	일천 천				

쓰는 순서 : 　丨　冂　曰　曰　甲　里

里	里				
마을 **리**	마을 리				

3. 오늘 배운 한자가 들어간 단어를 배워 봅니다. (한자를 생각하며 천천히 3번 읽어 보세요)

천리만리 (千里萬里) : 일천 천, 마을 리, 일만 만 → 아주 먼 거리
네가 가는 곳이라면 千里萬里라도 따라가겠다.

삼천리 (三千里) : 석 삼, 일천 천, 마을 리 → 우리나라의 땅(끝에서 끝까지 3천 리쯤 됨)
무궁화 三千里 화려강산 (무궁화가 우리나라 땅에 피는 멋진 강산)

구만리 (九萬里) : 아홉 구, 일만 만, 마을 리 → 아득하게 먼 거리 (천리만리보다 더)
앞 날이 九萬里인데 벌써부터 걱정이야. 일단 해보는 거야!

천만년 (千萬年) : 일천 천, 일만 만, 해 년 → 아주 오랜 세월 (천년만년)
세종 대왕의 위대한 업적은 千萬年 길이 빛날 것입니다.

천금 (千金) : 일천 천, 쇠 금 → ① 엽전 1000냥 ② 아주 많은 돈 ③ 아주 귀중한 것
② 千金을 주고도 못 살 목숨 ③ 千金같은 시간을 아껴 쓰자.

4. 일사천리의 속뜻을 적으세요.

tip 일사천리로 일이 진행되기 위해서는 충분한 노력과 준비가 필요합니다.

나의 생활 일기

잘했다고 생각되면 5 점

어제의 학업 성취도 : 1 2 3 4 5

날짜	월 일 요일	날씨	☼ ⛅ 🌧 ☃
일어난 시간	시 분	잠잔 시간	시 분

오늘의 point 오늘 꼭 해야 할 일이나 중요한 일을 적고, 다음날 실천했는지 네모칸에 확인 V 합니다.

1. ☐
2. ☐
3. ☐

1. 아래 사자성어의 음을 밑에 적으세요.

소리내 풀기

我田引水   熱血男兒   集中豪雨

白衣從軍   黑白論理   晝夜長川

門前成市   生年月日   一瀉千里

2. 아래 사자성어와 올바른 음과 관련 있는 뜻을 연결하세요. (자를 대고 연결하세요)

我田引水 ·   · 유명한 식당에 문앞에 줄 선 손님 ·   · 문전성시

白衣從軍 ·   · 바라는 마음없이 처음마음으로 ·   · 백의종군

門前成市 ·   · 자기 논에만 물 주기 ·   · 아전인수

熱血男兒 ·   · 태어난 년 월 일 ·   · 생년월일

黑白論理 ·   · 모 아니면 도 ·   · 흑백논리

生年月日 ·   · 혈기 넘치는 남자 ·   · 열혈남아

集中豪雨 ·   · 일이 막힘없이 술술 처리됨 ·   · 일사천리

晝夜長川 ·   · 밤낮 쉼없이 ·   · 주야장천

一瀉千里 ·   · 집중해서 많이오는 비 ·   · 집중호우

3. 다음 한자의 훈(뜻)과 음(소리)을 적으세요.

田	中	白
水	雨	長
門	軍	川

4. 아래 단어의 올바른 음과 뜻을 연결하세요.

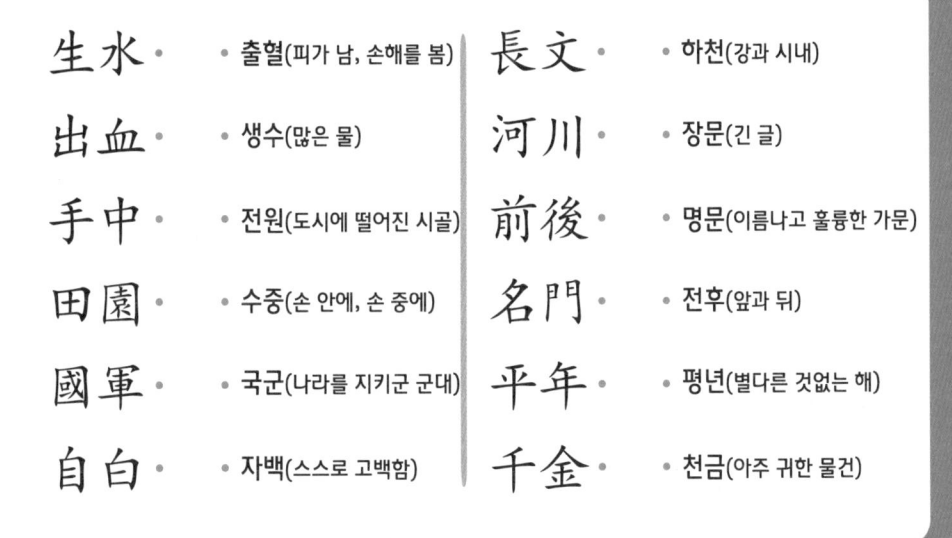

生水 · · 출혈(피가 남, 손해를 봄)
出血 · · 생수(많은 물)
手中 · · 전원(도시에 떨어진 시골)
田園 · · 수중(손 안에, 손 중에)
國軍 · · 국군(나라를 지키군 군대)
自白 · · 자백(스스로 고백함)

長文 · · 하천(강과 시내)
河川 · · 장문(긴 글)
前後 · · 명문(이름나고 훌륭한 가문)
名門 · · 전후(앞과 뒤)
平年 · · 평년(별다른 것없는 해)
千金 · · 천금(아주 귀한 물건)

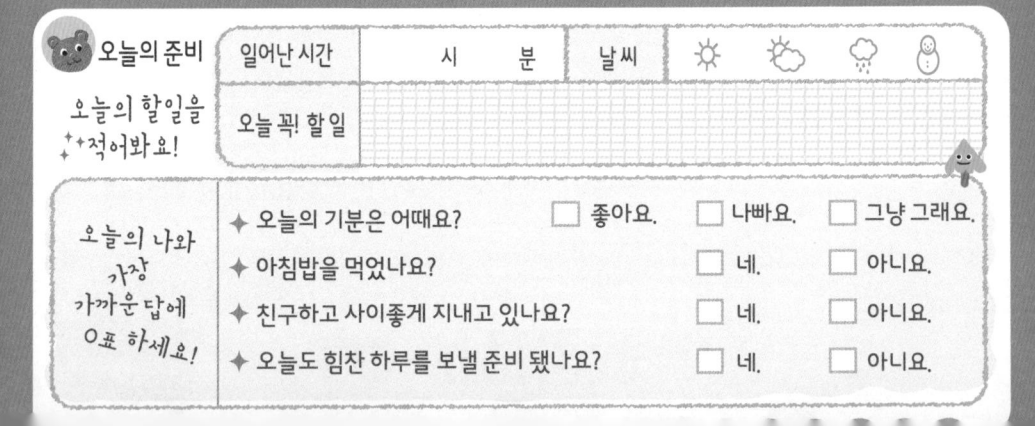

오늘의 준비

| 일어난 시간 | 시 | 분 | 날씨 | ☀ | ☁ | 🌧 | ⛄ |

오늘의 할일을 적어봐요!

| 오늘 꼭 할 일 | | | | | | | |

오늘의 나와 가장 가까운 답에 O표 하세요!

✦ 오늘의 기분은 어때요? ☐ 좋아요. ☐ 나빠요. ☐ 그냥 그래요.
✦ 아침밥을 먹었나요? ☐ 네. ☐ 아니요.
✦ 친구하고 사이좋게 지내고 있나요? ☐ 네. ☐ 아니요.
✦ 오늘도 힘찬 하루를 보낼 준비 됐나요? ☐ 네. ☐ 아니요.

41 내성외왕

소리내 읽기

아래 한자와 내용을 꼼꼼히 소리 내어 3번 읽어 보세요.

내성외왕

內	聖	外	王
안 **내**	성인 **성**	바깥 **외**	임금 **왕**

뜻 : 안으로는內 성인이고聖, 밖으로는外 임금이다王

속뜻 : 안으로는 성인같은 지혜와 덕을 가지고 있고, 밖으로는 왕같은 품위와 덕을 가짐

사용법 : 공부만 한다고 해서 꼭 내성외왕이 되는 것은 아니야. 좋은 책을 읽거나 경험을 해.

비슷한 말 : 외유내강 外柔內剛➡ 겉으로는 유순해 보이지만 속마음은 단단하고 굳셈

소리내 쓰기

1. 흐리게 적힌 글 위에 따라 적고, 옆에 2번 더 깨끗이 적어 보세요.

내성외왕

2. 위에서 배운 한자의 뜻과 음을 읽으면서 순서에 따라 써 보세요.

쓰는 순서 : ㅣ ㄇ ㄌ 內

內	內			
안 **내**	안 내			

쓰는 순서 : 一 二 千 王

王	王			
임금 **왕**	임금 왕			

3. 오늘 배운 한자가 들어간 단어를 배워 봅니다. (한자를 생각하며 천천히 3번 읽어 보세요)

교내 (校内) : 학교 교, 안 내 → 학교 안
校内 발표회에서 1등을 해서 학교를 대표하여 전국 대회에 나갔다.

내면 (内面) : 안 내, 낯 면 → ① 안쪽 ② 속 바닥 ③ 속 마음 　참고　 외면(外面) → 바깥면
사람은 보이는 것보다 정신과 마음이 중요하다. 内面에서 外面이 나온다.

왕조 (王朝) : 임금 왕, 아침 조 → ① 임금에 오른 순서 ② 그 임금들이 다스리는 동안
조선王朝 오백 년 동안을 기록한 조선왕조실록을 보고 미래를 개척하자.

국왕 (國王) : 나라 국, 왕 왕 → 나라의 임금
예전에는 왕의 아들이 國王이 되었지만, 지금은 대통령을 뽑는다.

선왕 (先王) : 먼저 선, 임금 왕 → ① 지금 왕 이전의 왕 ② 옛날의 이름난 왕
先王의 첫째 아들이 죽어서 둘째 아들이 국왕이 되었다.

4. 내성외왕의 뜻을 적고, 그렇게 되기 위한 방법을 적어 보세요.

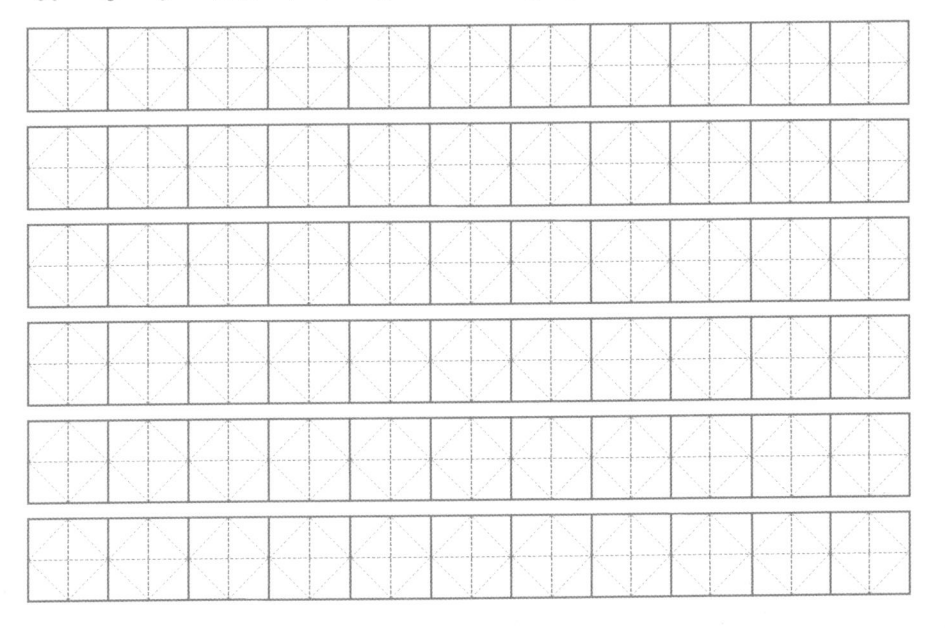

42 출가외인

아래 한자와 내용을 꼼꼼히 소리 내어 3번 읽어 보세요.

출 가 외 인

出	嫁	外	人
날 출	시집갈 가	바깥 외	사람 인

뜻 : 시집가서嫁 나간出 딸은 바깥사람外人(관계없는 사람)이다

속뜻 : 출가한 딸은 남이나 마찬가지이다. (옛날의 남자 중시사상 때문에 있는 말임)

사용법 : 요즈음은 출가외인들이 아들보다 부모를 더 잘 모시는 경우가 많다. 분발하자!

참고 : 요즈음은 출가외인이라는 말은 쓰지만, 아들과 똑같이 금지옥엽으로 대우합니다.

1. 흐리게 적힌 글 위에 따라 적고, 옆에 2번 더 깨끗이 적어 보세요.

출가외인

2. 위에서 배운 한자의 뜻과 음을 읽으면서 순서에 따라 써 보세요.

쓰는 순서 : ノ ク 夕 列 外

쓰는 순서 : 丨 屮 屮 出 出

3. 오늘 배운 한자가 들어간 단어를 배워 봅니다. (한자를 생각하며 천천히 3번 읽어 보세요)

외출 (外出) : 바깥 외, 날 출 → ① 밖으로 나가다 ② 바람 쐬러 나들이 함
오래간만에 外出이라 가슴이 뻥 뚫리는 것 같다.

가출 (家出) : 집 가, 날 출 → 집에서 나가 돌아오지 않음
家出해서 편한 사람 단 한사람 없다. 며칠 지나면 불행해진다.

출세 (出世) : 날 출, 인간 세 → ① 사회적으로 높이 오르거나 유명해 짐 ② 세상에 나옴
노력해서 出世하는 것이 부모에게 가장 큰 효도입니다.

해외 (海外) : 바다 해, 바깥 외 → ① 바다의 밖 ② 바다 건너 다른 나라
외국에 계신 海外 동포 여러분! 행복하세요!

내외 (內外) : 안 내, 바깥 외 → ① 안과 밖 ② 남편과 아내 ③ 남녀의 서먹한 사이
① 국內外 → 나라의 안과 밖   ② 內外 친척 → 아버지와 어머니쪽 친척

4. 가장 친하거나 좋아하는 친척의 이름과 관계(사촌, 외삼촌등)를 적어 보세요.

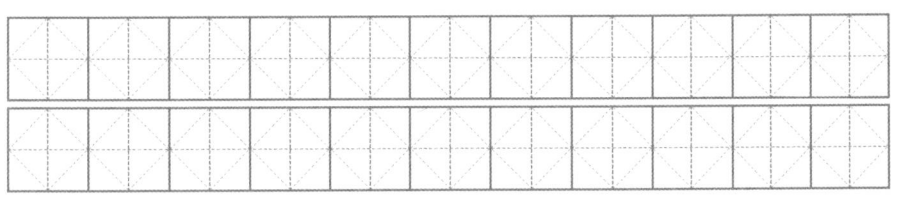

---

tip ✦ 사회가 발전할수록 여자의 능력이 대우를 받습니다. 인간은 평등하니까요...   ☺

🐻 **오늘의 준비**

오늘의 할일을
✦ 적어봐요!

일어난 시간	시	분	날씨	☀	⛅	🌧	☃
오늘 꼭! 할 일							

오늘의 나와
가장
가까운 답에
O표 하세요!

✦ 오늘의 기분은 어때요?	☐ 좋아요.	☐ 나빠요.	☐ 그냥 그래요.
✦ 아침밥을 먹었나요?		☐ 네.	☐ 아니요.
✦ 친구하고 사이좋게 지내고 있나요?		☐ 네.	☐ 아니요.
✦ 오늘도 힘찬 하루를 보낼 준비 됐나요?		☐ 네.	☐ 아니요.

43 청산유수

Mon 월 일
⊖ 시 분

소리내
읽기

아래 한자와 내용을 꼼꼼히 소리 내어 3번 읽어 보세요.

청산유수

青	山	流	水
푸를 **청**	뫼 **산**	흐를 **유**	물 **수**

뜻 : 푸른青 산과山 흐르는流 물水

속뜻 : 막힘없이 썩 잘하는 말. 말을 거침없이 잘함

사용법 : 현주는 자기의 생각을 청산유수 같이 말한다. 책을 많이 읽어서 그런가?

비슷한 말 : 일사천리 一瀉千里   파죽지세 破竹之勢 ➡ 세력이 강해서 거침없이 나아감

소리내
풀기

1. 흐리게 적힌 글 위에 따라 적고, 옆에 2번 더 깨끗이 적어 보세요.

청산유수

2. 위에서 배운 한자의 뜻과 음을 읽으면서 순서에 따라 써 보세요.

쓰는 순서 : ー = 主 圭 青 青 青

青	青		
푸를 **청**	푸를 **청**		

쓰는 순서 : 、 ー ` 氵 氵 沪 泸 泸 泸 流

流	流		
흐를 **유**	흐를 유		

3. 오늘 배운 한자가 들어간 단어를 배워 봅니다. (한자를 생각하며 천천히 3번 읽어 보세요)

청군 (青軍) : 푸를 **청**, 군사 **군** ➡ 2팀으로 나눌때의 파란팀 (청군과 백군, 청팀과 백팀)
이번 운동회에서 짝수반은 청군이고, 홀수반은 백군이었다. **참고** 백군(白軍)

청년 (青年) : 푸를 **청**, 해 **년** ➡ 청춘기에 있는 사람(특히 젊은남자)
장래가 유망한 青年, 건장한 青年이 되어야지. **참고** 노년(老年)

청춘 (青春) : 푸를 **청**, 봄 **춘** ➡ 10대 후반~20대까지의 한참 성장기인 사람 (그런 시절)
You're only young once. (청춘青春은 한번 뿐이다.)

청천 (青天) : 푸를 **청**, 하늘 **천** ➡ 푸른 하늘, 맑게 갠 하늘
청천벽력(青天霹靂)➡ 맑은 하늘에 날벼락(갑자기 안좋은 일이 생김)

교류 (交流) : 사귈 **교**, 흐를 **류** ➡ ① 서로 주고받음 ② 서로 뒤섞이어 흐름 ③ 문화교환
① 남북한 交流가 확대되고 있다. ③ 交流 중단 (왕래가 없이 단절함)

4. 청산유수의 속뜻을 적고, 그렇게 되기 위한 방법을 적어 보세요.

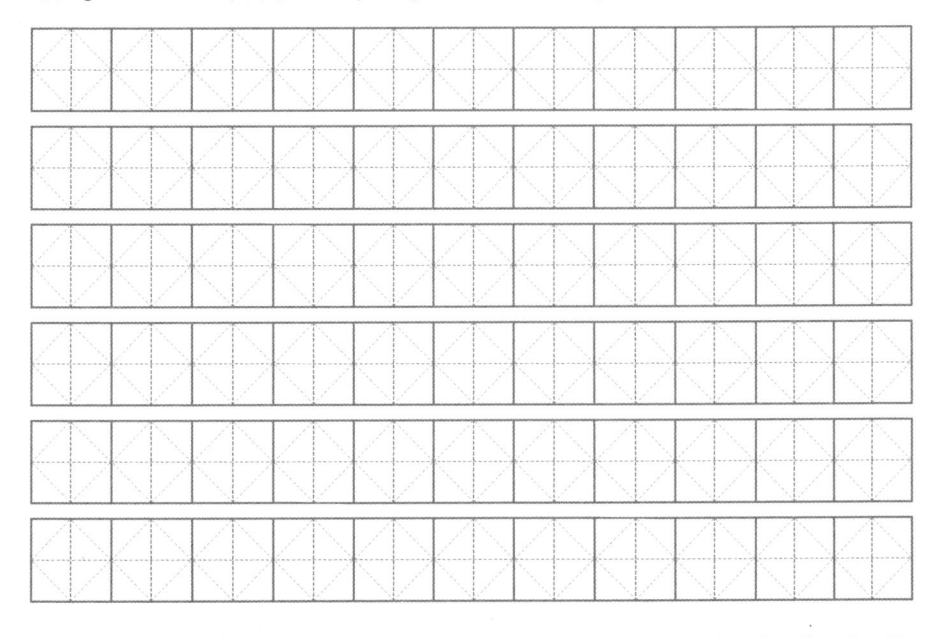

소리내 읽기

아래 한자와 내용을 꼼꼼히 소리 내어 3번 읽어 보세요.

불 식 지 공

不 息 之 工
아닐 **불** 쉴 **식** 갈 **지** 장인 **공**

不는 **부**로도 읽습니다.
단어에 따라 다릅니다. tip

뜻 : 쉬지않고息不 장인으로工 간다之

속뜻 : 천천히 하여도 늘 끊임없이 꾸준하게 하는 일. 조금씩 하던일이 어느 순간 성과를 냄.

사용법 : 아침에 5분씩 공부를 하다 보니 불식지공 중에 혼자 공부할 수 있게 되었다.

참고 : 형설지공螢雪之功(반디불이 형, 눈 설)➡ 반딧불과 눈빛으로 이룬 공, 고생하여 이룬 공

소리내 쓰기

1. 흐리게 적힌 글 위에 따라 적고, 옆에 2번 더 깨끗이 적어 보세요.

불	식	지	공						

2. 위에서 배운 한자의 뜻과 음을 읽으면서 순서에 따라 써 보세요.

쓰는 순서 : ㄱ ㄱ 不 不

不	不				
아닐 **불**	아닐 불				

쓰는 순서 : ㄱ ㄱ 工

工	工				
장인 **공**	장인 공				

3. 오늘 배운 한자가 들어간 단어를 배워 봅니다. (한자를 생각하며 천천히 3번 읽어 보세요)

불시 (不時) : 아닐 불, 때 시 → ① 갑자기, 생각하지 않은 때 ② 제철이 아닌
① 음식점이 깨끗하다는 소문에 단속반이 不時에 들이 닥쳤다.

불안 (不安) : 아닐 불, 편안 안 → ① 안심이 되지 않아 조마조마함 ② 몸이 편안하지 않음
발표에 자신이 없어서 不安하면 더 많이 준비하고 연습하면 돼.

불만 (不滿) : 아닐 불, 찰 만 → 불만족, 마음에 들지 않음(흡족하지 않음)
어떤 일에 不滿이 있으면 화내지 말고, 침침하고 조리 있는 말로 해결하자.

부재 (不在) : 아닐 부, 있을 재 → ① 있지 아니함 (자리에 없음) ② 가지고 있지 않음
① 지금은 不在중이라 전화를 받을 수 없습니다. ② 정보력 부재

공부 (工夫) : 장인 공, 지아비 부 → 학문이나 기술을 닦는 일 비슷한말 학업(學業)
The Study have a right time for everything. (工夫에도 때가 있다.)

4. 불식지공의 속뜻을 적고, 매일 꾸준히 하고 싶은 일을 적어보세요.

45 인과응보

아래 한자와 내용을 꼼꼼히 소리 내어 3번 읽어 보세요.

인과응보

因	果	應	報
인할 **인**	열매 **과**	응할 **응**	갚을 **보**

뜻 : 원인과因 결과는果 응하면서應 갚는다報 (뿌린대로 거둔다)

속뜻 : 모든 결과는 원인에서 비롯된다는 말. 좋은 원인은 좋은 결과, 나쁜 원인은 나쁜 결과

사용법 : 동우는 그렇게 놀더니 기말고사 망쳤데. 인과응보 아니겠어?

비슷한 말 : 사필귀정事必歸正 ➡ 처음에는 어려움이 있더라도 결국은 바른 것으로 돌아온다.

1. 흐리게 적힌 글 위에 따라 적고, 옆에 2번 더 깨끗이 적어 보세요.

인과응보

2. 위에서 배운 한자의 뜻과 음을 읽으면서 순서에 따라 써 보세요.

쓰는 순서 : 丨 冂 冂 冃 冈 因

因	因				
인할 **인**	인할 **인**				

쓰는 순서 : 丨 冂 日 旦 旦 甲 果 果

果	果				
열매 **과**	열매 **과**				

3. 오늘 배운 한자가 들어간 단어를 배워 봅니다. (한자를 생각하며 천천히 3번 읽어 보세요)

사인 (死因) : 죽을 사, 인할 인 ➡ 죽음의 원인
사람이 죽으면 반드시 死因을 밝혀야 한다. 이유 없는 죽음은 없다.

화인 (火因) : 불 화, 인할 인 ➡ 화재의 원인
가스레인지 주변에는 반드시 火因이 될만한 것을 치워야 한다.

주인 (主因) : 임금 주, 주인 주 ➡ ① 가장 근본이 되는 원인 ② 주장이 되는 원인
집중을 잘하는 것은 공부를 잘하는 가장 큰 主因이다. 참고 ➡ 주원인(主原因)

성과 (成果) : 이룰 성, 열매 과 ➡ 일의 이루어진 좋은 결과 참고 결과(結果) ➡ 일의 끝
노력한 것만큼의 成果를 바란다. 더 이상은 바라지도 말자!

과도 (果刀) : 열매 과, 칼 도 ➡ 과일을 깎는 작은 칼
현주야! 사과 깎을 果刀 좀 부엌에서 가지고 오렴.

4. 인과응보의 속뜻을 적으세요.

tip 칼은 어린이가 만지지 않습니다. 칼과 불은 위험하고, 칼과 불로 입은 상처는 평생 남습니다. :)

나의 생활 일기

잘했다고 생각되면 **5**점
어제의 학업 성취도 : 1 2 3 4 5

날짜	월 일 요일	날씨	☀ ⛅ 🌧 ⛄
일어난 시간	시 분	잠잔 시간	시 분

오늘의 point ◀ 오늘 꼭 해야 할 일이나 중요한 일을 적고, 다음날 실천했는지 네모칸에 확인 V 합니다.

1. ☐

2. ☐

3. ☐

46 전력투구

 아래 한자와 내용을 꼼꼼히 소리 내어 3번 읽어 보세요.

전력투구

全	力	投	球
온전할 전	힘 력	던질 투	공 구

뜻 : 모든 힘을 全力 다해 공을 球 던진다 投 (야구에서 투구가 타자에게)

속뜻 : 모든 힘을 다 기울임. 한가지에 집중하여 온 힘을 기울임. 집중 투자(노력,돈) 함.

사용법 : 미선이 어머니는 어릴 때 부터 미술 공부에 전력투구하여 디자이너가 되셨다.

참고 : 정신일도하사불성 精神一到何事不成➡정신을 집중하여 노력하면 못 이룰 일이 없다.

 1. 흐리게 적힌 글 위에 따라 적고, 옆에 2번 더 깨끗이 적어 보세요.

전	력	투	구							

2. 위에서 배운 한자의 뜻과 음을 읽으면서 순서에 따라 써 보세요.

쓰는 순서 : ノ 人 人 今 全 全

全	全				
온전할 **전**	온전할 전				

쓰는 순서 : フ 力

力	力				
힘 **력**	힘 력				

3. 오늘 배운 한자가 들어간 단어를 배워 봅니다. (한자를 생각하며 천천히 3번 읽어 보세요)

전력 (全力) : 온전할 전, 힘 력 ➡ 모든 힘 비슷한말 만전, 완전(完全), 최선(最善)
자신이 하는 일에 全力을 기울이면 모든 일에 자신감이 생길 거야.

만전 (萬全) : 일만 만, 온전할 전 ➡ ① 조금도 빠진 것없이 완전한 ② 아주 안전한 것.
자신이 하는 일에 萬全을 기하면 모든 일에 자신감이 생길 거야.

전국 (全國) : 온전할 전, 나라 국 ➡ 나라 전체, 온 나라
대통령 선거는 같은 날, 같은 시간에 全國에서 일제히 선거가 치러진다.

전신 (全身) : 온전할 전, 몸 신 ➡ 몸 전체, 온 몸
내가 좋다는 말에 全身에 기운이 나고 기분이 좋아졌다.

인력 (人力) : 사람 인, 힘 력 ➡ ① 사람의 힘, 능력 ② 노동력
人力으로 안되는 일은 기계나 돈과 시간이 필요할 수도 있다.

4. 지금 전력투구하고 싶은 꿈을 생각해서, 적어보세요.

tip 자신의 꿈을 위해서 노력하는 것만큼 더 많이 배울 수 있는 것은 없습니다. 값진 것은 어렵게 얻습니다.

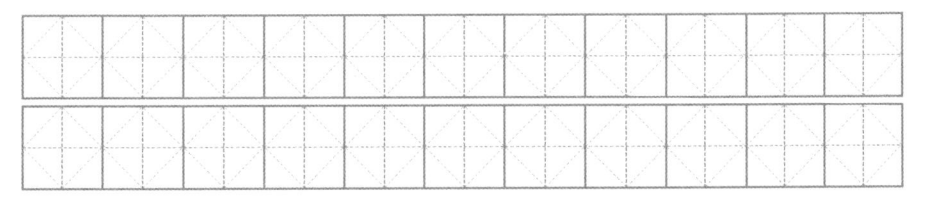

🐻 오늘의 준비	일어난 시간		시	분	날씨	☀	⛅	🌧	⛄
오늘의 할일을 ✦✦적어봐요!	오늘 꼭! 할 일								

오늘의 나와 가장 가까운 답에 O표 하세요!	✦ 오늘의 기분은 어때요?	☐ 좋아요.	☐ 나빠요.	☐ 그냥 그래요.
	✦ 아침밥을 먹었나요?		☐ 네.	☐ 아니요.
	✦ 친구하고 사이좋게 지내고 있나요?		☐ 네.	☐ 아니요.
	✦ 오늘도 힘찬 하루를 보낼 준비 됐나요?		☐ 네.	☐ 아니요.

월 일
시 분

아래 한자와 내용을 꼼꼼히 소리 내어 3번 읽어 보세요.

일목일초

一 木 一 草
한 **일**　나무 **목**　한 **일**　풀 **초**

뜻 : 한一그루의 나무와木 한一포기의 풀草

속뜻 : 극히 사소한 사물(동물,물건)을 이르는 말

사용법 : 환경을 생각하지 않으면 인간뿐 아니라 일목일초까지 모두 해를 입게 될 것입니다.

비슷한 말 : 미물 微物 (작을 미, 물건 물) ➡ ① 아주 작은 물건 ② 변변치 못한 사람 ③ 동물

1. 흐리게 적힌 글 위에 따라 적고, 옆에 2번 더 깨끗이 적어 보세요.

일	목	일	초				

2. 위에서 배운 한자의 뜻과 음을 읽으면서 순서에 따라 써 보세요.

쓰는 순서 : 一 十 才 木

木	木				
나무 **목**	나무 목				

쓰는 순서 : 一 十 十 艹 艹 艻 芀 苩 苩 草

草	草				
풀 **초**	풀 초				

3. 오늘 배운 한자가 들어간 단어를 배워 봅니다. (한자를 생각하며 천천히 3번 읽어 보세요)

초목 (草木) : 풀 초, 나무 목 ➜ 풀과 나무
지금은 시멘트로 집을 만들지만, 예전에는 草木과 흙으로 만들었다.

화초 (花草) : 꽃 화, 풀 초 ➜ ① 꽃이 피는 풀과 나무 ② 쓸데없이 이쁘기만 한것을 비유
온실 안의 花草같이 자라면 커서 고생한다.

목수 (木手) : 나무 목, 손 수 ➜ 나무를 이용하여 집을 짓거나 물건을 만드는 사람
솜씨 좋은 木手는 연장을 가리지 않는다.➜ 환경이 나빠도 최선을 다한다.

식목 (植木) : 심을 식, 나무 목 ➜ ① 나무를 심다. ② 심은 나무
4월 5일은 植木일로 나무 심는 날이다. 봄에 나무 심기가 제일 좋다.

초가 (草家) : 풀 초, 집 가 ➜ 풀(볏집,갈대등)으로 지붕을 지은 집 ➜ 초가집
초가삼간 (草家三間)➜ 세칸짜리 초가라는 뜻, 아주 보잘것없고 작은 집

4. 일목일초까지 보호하기 위해 우리가 할 수 있는 일을 적어보세요.

tip 아주 작고 값싼 물건도 급히 꼭 필요할 때가 있습니다. 정리를 잘하는 습관을 지니도록 하세요. ☺

나의 생활 일기

잘했다고 생각되면 **5**점
어제의 학업 성취도 : 1 **2** 3 4 5

날짜	월 일 요일	날씨	☀ ☁ ☂ ⛄
일어난 시간	시 분	잠잔 시간	시 분

오늘의 point ◀ 오늘 꼭 해야 할 일이나 중요한 일을 적고, 다음날 실천했는지 네모칸에 확인 V 합니다.

1.   ☐

2.   ☐

3.   ☐

아래 한자와 내용을 꼼꼼히 소리 내어 3번 읽어 보세요.

문방사우

文	房	四	友
글월 **문**	방 **방**	넉 **사**	벗 **우**

뜻 : 글文쓰는 방(서재)의房 4개의四 친구友

속뜻 : 지필묵연 ➡ 종이紙 , 붓筆 , 벼루硯, 먹墨 (붓글씨를 쓰기위한 4가지 도구)

사용법 : 옛날에 글을 쓰려면 문방사우가 있어야 하지만 지금은 샤프 하나면 돼.

상식 : 지금은 샤프 하나면 되지만, 연필로 글쓰기 연습을 하는 것이 더 좋습니다.

1. 흐리게 적힌 글 위에 따라 적고, 옆에 2번 더 깨끗이 적어 보세요.

문	방	사	우						

2. 위에서 배운 한자의 뜻과 음을 읽으면서 순서에 따라 써 보세요.

쓰는 순서 : 一 ナ ナ 文

文	文				
글월 **문**	글월 문				

쓰는 순서 : 一 ナ 方 友

友	友				
벗 **우**	벗 우				

3. 오늘 배운 한자가 들어간 단어를 배워 봅니다. (한자를 생각하며 천천히 3번 읽어 보세요)

문명 (文明) : 글월 문, 밝을 명 ➡ ① 사람이 만든 모든 것 ② 인간생활의 발전 상태
고대 文明에서부터 현대 文明까지 환경이 변하지 사람이 변하지는 않는다.

천문 (天文) : 하늘 천, 글월 문 ➡ ① 하늘에서 일어나는 현상 ② 우주를 연구하는 학문
天文학을 연구하려면 망원경과 책이 필요하다.

본문 (本文) : 근본 본, 글월 문 ➡ 서론이나 부록을 뺀 문서(책)의 주가 되는 글
글을 잘 쓰려면 머리말, 本文, 맺음말로 쓰도록 하자.

우정 (友情) : 벗 우, 뜻 정 ➡ 친구와의 정   참고 애정(愛情)➡ 이성 간의 정(사랑하는)
항상 사이가 좋다고 友情을 쌓을 수는 없다. 때로는 싸울 때도 있다.

전우 (戰友) : 싸움 전, 벗 우 ➡ 전투에서 이기기 위해 같은 팀으로 싸운 동료(친구)
오늘의 戰友가 내일의 적이 될 수도 있다.

4. 문방사우가 뜻하는 4가지를 그림으로 그려 보세요.

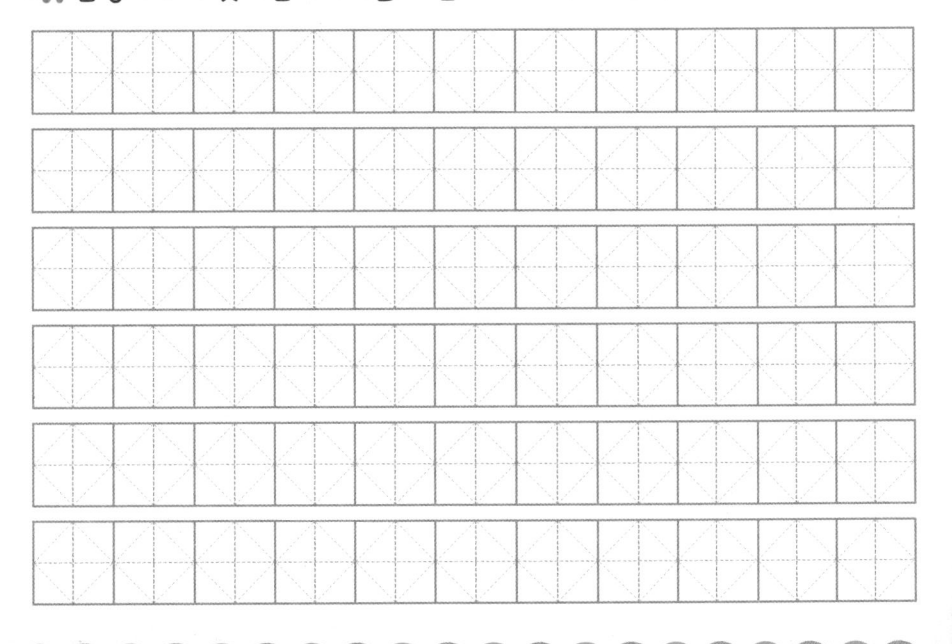

 아래 한자와 내용을 꼼꼼히 소리 내어 3번 읽어 보세요.

사면초가

四	面	楚	歌
넉 **사**	낯 **면**	초나라 **초**	노래 **가**

뜻 : 사면(앞,뒤,좌,우)에서 四面 초나라楚 노래가歌 들린다.

속뜻 : ① 적에게 둘러싸인 상태나 누구의 도움도 받을 수 없는 고립 상태 ② 물러날 곳이 없음

사용법 : 전화기도 안 가지고 왔고, 돈도 없고 정말 사면초가구나. 어떻게 해야 될까?

비슷한 말 : 진퇴양난 進退兩難 ➡ 나아갈 수도 물러설 수도 없는 궁지에 빠짐 (앞뒤로 싸움중)

 1. 흐리게 적힌 글 위에 따라 적고, 옆에 2번 더 깨끗이 적어 보세요.

사	면	초	가					

2. 위에서 배운 한자의 뜻과 음을 읽으면서 순서에 따라 써 보세요.

쓰는 순서 : 一 丆 厂 丆 而 而 面 面

面	面			
낯 **면**	낯 면			

쓰는 순서 : 一 丆 币 哥 哥 哥 哥 哥 哥 哥' 哥" 歌 歌

歌	歌			
노래 **가**	노래 가			

3. 오늘 배운 한자가 들어간 단어를 배워 봅니다. (한자를 생각하며 천천히 3번 읽어 보세요)

면전 (面前) : 낯 **면**, 앞 **전** ➡ ① 눈 앞 ② 마주 보고 있는 바로 앞 ③ 그 사람의 앞
面前에 대고 욕을 하면 싸우자고 하는 것과 같다.

지면 (紙面) : 종이 **지**, 낯 **면** ➡ ① 종이의 표면(앞면,뒷면) ② 글이 실린 면
① 부드러운 紙面이 앞 쪽이다. ② 신문 기사를 紙面에 싣다.

수면 (水面) : 물 **수**, 낯 **면** ➡ 물의 겉을 이루는 면, 물 위
나의 소원을 적은 종이배가 水面 위를 찰랑찰랑 떠내려갔다.

교가 (校歌) : 학교 **교**, 노래 **가** ➡ 학교를 나타내고 자랑하기 위해 만든 노래
나이가 들어도 초등학교 校歌는 기억이 나더라.　　참고 국가(國歌)

가수 (歌手) : 노래 **가**, 손 **수** ➡ 노래 부르는 것을 직업으로 삼는 사람　참고 목수(木手)
歌手나 탤런트가 꿈이더라도 공부는 열심히 해야 해. 먼저 사람이 돼야지!!!

4. 어떨 때 사면초가되어 진퇴양난할지 생각해보고 글을 지어보세요.

tip 호랑이 굴에 들어가도 정신만 차리면 산다고 했습니다. 위기 속에 기회가 올 수도 있습니다.

1. 아래 사자성어의 음을 밑에 적으세요.

소리내
풀기

內聖外王	出嫁外人	青山流水
不息之工	因果應報	全力投球
一木一草	文房四友	四面楚歌

2. 아래 사자성어와 올바른 음과 관련 있는 뜻을 연결하세요. (자를 대고 연결하세요)

青山流水 ·	· 후퇴할 (물러날) 곳이 없다 ·	· 청산유수
全力投球 ·	· 어떤 일에 모든 힘을 쏟는다. ·	· 전력투구
四面楚歌 ·	· 물 흐르듯이 말을 잘한다. ·	· 사면초가
出嫁外人 ·	· 종이, 붓, 묵, 벼루 ·	· 출가외인
因果應報 ·	· 노력 한대로 얻는다. ·	· 인과응보
文房四友 ·	· 결혼한 딸, 결혼한 여자 ·	· 문방사우
內聖外王 ·	· 나무한그루, 풀 한포기 ·	· 내성외왕
不息之工 ·	· 비록 천천히 하더라도 꾸준하게 ·	· 불식지공
一木一草 ·	· 마음은 성인이요, 행동은 왕이다. ·	· 일목일초

3. 다음 한자의 훈(뜻)과 음(소리)을 적으세요.

內	工	草
外	力	文
不	木	友

4. 아래 단어의 올바른 음과 뜻을 연결하세요.

校內 ·　　　· 공부(학문을 닦는 일)

外出 ·　　　· 불시(갑자기)

青春 ·　　　· 청춘(활기차고 젊은 시기)

交流 ·　　　· 외출(나들이)

不時 ·　　　· 교내(학교 안)

工夫 ·　　　· 교류(서로 섞여 교환함)

成果 ·　　　· 가수(노래부르는 직업)

全力 ·　　　· 우정(친구 간의 정)

花草 ·　　　· 식목(나무 심기)

植木 ·　　　· 화초(예쁘기만 한 꽃과 나무)

友情 ·　　　· 전력(온 힘, 모든 힘)

歌手 ·　　　· 성과(일의 좋은 마무리, 결과)

🐻 오늘의 준비

오늘의 할일을
✦✦적어봐요!

| 일어난 시간 | 시 | 분 | 날씨 | ☀ ⛅ 🌧 ☃ |
| 오늘 꼭! 할 일 | | | | |

오늘의 나와
가장
가까운 답에
O표 하세요!

✦ 오늘의 기분은 어때요?	☐ 좋아요.	☐ 나빠요.	☐ 그냥 그래요.
✦ 아침밥을 먹었나요?		☐ 네.	☐ 아니요.
✦ 친구하고 사이좋게 지내고 있나요?		☐ 네.	☐ 아니요.
✦ 오늘도 힘찬 하루를 보낼 준비 됐나요?		☐ 네.	☐ 아니요.

월 일
시 분

아래 한자와 내용을 꼼꼼히 소리 내어 3번 읽어 보세요.

조석공양

朝	夕	供	養
아침 조	저녁 석	이바지할 공	기를 양

뜻 : 아침朝 저녁으로夕 자신이 크는 것에 이바지함을供 기른다養

속뜻 : 아침 저녁으로 웃어른에게 인사를 드린다.

사용법 : 우리 부모님은 아침, 저녁으로 할아버지께 맛난 음식을 가지고 조석공양하였다.

참고 : 삼불효 ➡ ① 부모님 말씀 안듣고 ② 나이들어 벼슬 하지 않고 ③ 자식 낳지 않는 것

1. 흐리게 적힌 글 위에 따라 적고, 옆에 2번 더 깨끗이 적어 보세요.

조석공양

2. 위에서 배운 한자의 뜻과 음을 읽으면서 순서에 따라 써 보세요.

쓰는 순서 : 一 十 十 ナ 古 古 古 卓 卓 朝 朝 朝

朝	朝			
아침 조	아침 조			

쓰는 순서 : 丿 ク 夕

夕	夕			
저녁 석	저녁 석			

3. 오늘 배운 한자가 들어간 단어를 배워 봅니다. (한자를 생각하며 천천히 3번 읽어 보세요)

조석 (朝夕) : 아침 조, 저녁 석 ➡ 아침과 저녁
朝夕 싸 가지고 말리러 다닌다. (기를 쓰고 하지 못하게 말린다.)

추석 (秋夕) : 가을 추, 저녁 석 ➡ 음력 8월15일(한가위, 중추절이라고도 함)
더도 말고 秋夕만 같아라. (풍성한 추석같이 항상 부족함 없으라는 말)

조식 (朝食) : 아침 조, 밥 식 ➡ 아침밥

중식 (中食) : 가운데 중, 밥 식 ➡ 점심밥

석식 (夕食) : 저녁 석, 밥 식 ➡ 저녁밥

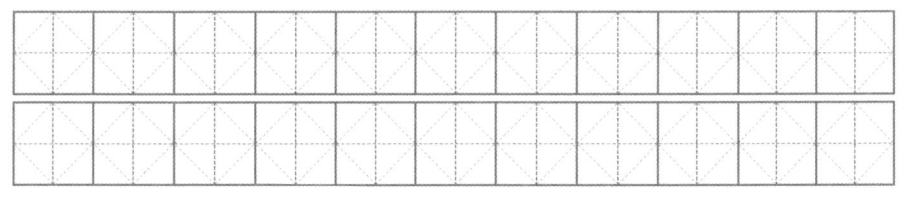

朝食은 황제처럼 먹고, 中食은 임금처럼 먹고, 夕食은 거지처럼 먹으라는 말이

있다. 저녁은 잘 때 부담되지 않게 적당히 먹고, 아침에 많이 먹으라는 말이지만,

성장기 청소년기에는 세끼 골고루 잘 먹는 게 좋다.

4. 부모님이 제일 좋아하는 것이 무엇일지 생각해보고 적으세요.

tip 아침밥을 아침이라고 하듯이 '조석 싸 가지고'라는 말은 '아침밥저녁밥을 가지고 다니며' 라는 말입니다.

나의 생활 일기

잘했다고 생각되면 **5**점
어제의 학업 성취도 : **1 2 3 4 5**

날 짜	월	일	요일	날 씨	☀ ⛅ 🌧 ☃
일어난 시간		시	분	잠잔 시간	시 분

오늘의 point ◁ 오늘 꼭 해야할 일이나 중요한 일을 적고, 다음날 실천했는지 네모칸에 확인 V 합니다.

1.   ☐

2.   ☐

3.   ☐

52 이양역우

월 일
시 분

 아래 한자와 내용을 꼼꼼히 소리 내어 3번 읽어 보세요.

이양역우

以 羊 易 牛
써 이   양 양   바꿀 역   소 우

뜻 : 양으로羊써以 소를牛 바꾼다易

속뜻 : 작은 것을 가지고 큰 것 대신으로 쓰는 일을 이르는 말

예시 : 집에 도둑이 든 것 같은데 몽둥이가 없어서 빗자루를 들고나갔다.

참고 : 소탐대실 小貪大失 ➡ 작은 것에 욕심내다 큰 것을 놓친다.

---

 1. 흐리게 적힌 글 위에 따라 적고, 옆에 2번 더 깨끗이 적어 보세요.

이양역우

2. 위에서 배운 한자의 뜻과 음을 읽으면서 순서에 따라 써 보세요.

쓰는 순서 : 丶 丷 丷 丯 盖 羊

쓰는 순서 : 丿 ㇀ 二 牛

115

3. 오늘은 동물이 관련된 다른 사자성어를 한개 더 배워 봅니다.

우이독경

牛 耳 讀 經
소 우　귀 이　읽을 독　글 경

뜻 : 소牛 귀耳에 경經(글) 읽기讀

속뜻 : 우둔한 사람은 아무리 가르쳐도 알아듣지 못함을 비유한 말

사용법 : 상호는 고집이 워낙 세서 우리가 그렇게 말해도 우이독경일거야.

비슷한 말 : 마이동풍 (馬耳東風)➔ 말 귀에 봄 바람(남의 말을 귀담아 듣지 않고 넘김)

4. 아래 동물을 보면 어떤 생각이 드는지 적어보세요.

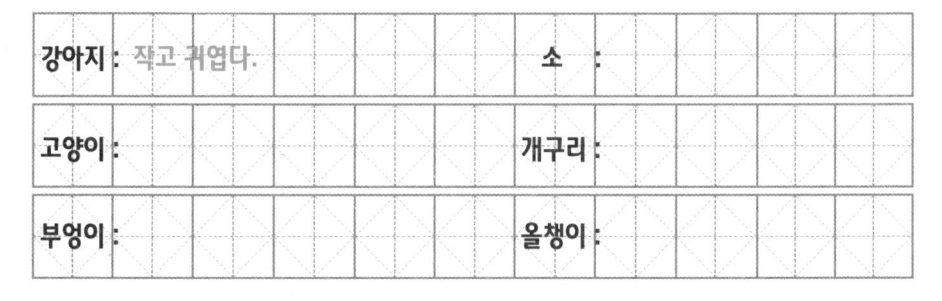

강아지 :	작고 귀엽다.	소 :
고양이 :		개구리 :
부엉이 :		올챙이 :

tip 입이 말하는 것보다 2배로 많이 들으라고 귀가 2개 있습니다. 항상 남의 말에 귀 기울여 들으세요. ☺

오늘의 준비

오늘의 할일을
✦✦적어봐요!

| 일어난 시간 | | 시 | 분 | 날씨 | ☼　⛅　🌧　⛄ |
| 오늘 꼭! 할 일 | | | | | |

오늘의 나와
가장
가까운 답에
O표 하세요!

✦ 오늘의 기분은 어때요?　　　☐ 좋아요.　☐ 나빠요.　☐ 그냥 그래요.

✦ 아침밥을 먹었나요?　　　　　　　　　　☐ 네.　　☐ 아니요.

✦ 친구하고 사이좋게 지내고 있나요?　　　☐ 네.　　☐ 아니요.

✦ 오늘도 힘찬 하루를 보낼 준비 됐나요?　☐ 네.　　☐ 아니요.

53 선행후교

아래 한자와 내용을 꼼꼼히 소리 내어 3번 읽어 보세요.

선 행 후 교

先	行	後	敎
먼저 **선**	다닐 **행**	뒤 **후**	가르칠 **교**

뜻 : 앞선先 사람의 행동을行 보고 뒷後 사람을 가르친다敎

속뜻 : ① 조상의 지식을 배워 후손에 가르친다. ② 앞 사람의 것을 보고 뒷 사람을 가르친다.

사용법 : 선행후교 덕분에 조상들의 지혜를 배울 수 있다. 많이 배워 내 아들에게 가르쳐야지.

참고 : 조상의 얼 ➡ 조상의 정신, 영혼, 넋이라는 순수 우리말

1. 흐리게 적힌 글 위에 따라 적고, 옆에 2번 더 깨끗이 적어 보세요.

선	행	후	교					

2. 위에서 배운 한자의 뜻과 음을 읽으면서 순서에 따라 써 보세요.

쓰는 순서 :

先	先				
먼저 **선**	먼저 **선**				

쓰는 순서 : ⺈ ⺈ ⺈ 孝 孝 孝 孝 敎 敎

敎	敎				
가르칠 **교**	가르칠 **교**				

3. 오늘 배운 한자가 들어간 단어를 배워 봅니다. (한자를 생각하며 천천히 3번 읽어 보세요)

선생 (先生) : 먼저 **선**, 날 **생** → ① 학생을 가르치는 사람 ② 학예가 뛰어난 사람을 높임
② 우리나라에는 율곡 <u>先生</u>이나 김구 <u>先生</u> 같은 훌륭한 분이 있다.

선산 (先山) : 먼저 **선**, 뫼 **산** → ① 조상의 무덤이 있는 곳 ② 조상의 무덤이 있는 산
마음이 안 좋으실 때 아버지는 <u>先山</u>에 가서 위안을 받고 오신다.

선후 (先後) : 먼저 **선**, 뒤 **후** → 먼저와 나중, 앞 뒤   비슷한말 전후(前後) : 앞과 뒤
일에는 절차가 있고, <u>先後</u>가 있는 법이다.

선조 (先祖) : 먼저 **선**, 할아버지 **조** → 할아버지 이상의 조상 (먼 윗대의 조상)
우리 집은 <u>先祖</u> 대대로 살아온 고향을 떠날 수 없다.

교주 (敎主) : 가르칠 **교**, 임금 **주** → ① 종교의 우두머리 ② 종교를 만든 창시자
이 세상에서 죽지 않는다는 <u>敎主</u>는 모두 사이비 종교이다.

4. 부모님이나 조부모님께 물려 받고 싶은 좋은 점을 적어 보세요.

tip 자식은 부모님께 공경하고, 부모는 자식을 사랑으로 대하면 좋은 가정이 될 수 있습니다. ˘‿˘

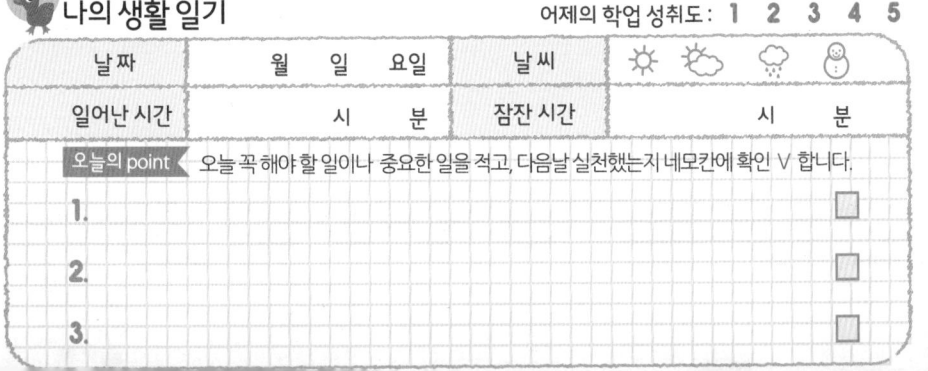

나의 생활 일기

잘했다고 생각되면 **5**점
어제의 학업 성취도 :   1   2   3   4   5

날짜	월 일 요일	날씨	☀ ⛅ 🌧 ⛄
일어난 시간	시 분	잠잔 시간	시 분

오늘의 point ◄ 오늘 꼭 해야 할 일이나 중요한 일을 적고, 다음날 실천했는지 네모칸에 확인 V 합니다.

1. □

2. □

3. □

54 팔방미인

Mon	월	일
🕐	시	분

아래 한자와 내용을 꼼꼼히 소리 내어 3번 읽어 보세요.

팔방미인

八	方	美	人
여덟 **팔**	모 **방**	아름다울 **미**	사람 **인**

뜻 : 여덟八 방향으로方 봐도 아름다운美 사람人

속뜻 : ① 어느 모로 보나 아름다운 미인 ② 여러 방면의 일에 능통한 사람

사용법 : 윤희는 팔방미인이라서 못하는 것이 없어.

참고 : 요즘 말로는 엄친아(엄마 친구 아들), 엄친딸(엄마 친구 딸)이 될 수 있습니다.

1. 흐리게 적힌 글 위에 따라 적고, 옆에 2번 더 깨끗이 적어 보세요.

팔방미인

2. 위에서 배운 한자의 뜻과 음을 읽으면서 순서에 따라 써 보세요.

쓰는 순서 : 丶 丷 丷 半 半 半 美 美

美	美				
아름다울 **미**	아름다울 **미**				

쓰는 순서 : 丿 人

人	人				
사람 **인**	사람 **인**				

3. 오늘 배운 한자가 들어간 단어를 배워 봅니다. (한자를 생각하며 천천히 3번 읽어 보세요)

미화 (美化) : 아름다울 미, 될 화 → 아름답게 꾸미다.
그 것에 대한 이야기는 지나치게 美化되어 있다. 객관적인 평가를 해보자.

미인 (美人) : 아름다울 미, 사람 인 → ① 아름답게 생긴 여자 ② 재주와 덕이 뛰어난 사람
절세美人은 항상 시련이 많다. 나 같이 적당한 美人이 좋은 거야.

불미 (不美) : 아닐 불, 아름다울 미 → 아름답지 못하고 추잡함
생각이 올바르지 않으면 不美스런 행동과 사고가 따르게 되어 있다.

인간 (人間) : 사람 인, 사이 간 → ① 사람 ② 사람이 사는 세상 ③ 남을 낮춰 부르는 말
人間은 본질적으로 고독한 존재다. 그래서 강인한 정신과 체력이 필요하다.

인명 (人命) : 사람 인, 목숨 명 → 사람의 목숨
인명재천(人命在天) → 사람의 목숨은 하늘에 있다는 것 (여유를 가져라)

4. 팔방미인이 되기위해 내가 부족한 것이 무엇인지 적어보세요.

> **tip** 요즘은 창의력이 중요하지만, 창의력을 키우기 위해서는 기본적인 학습이 필요합니다. :)

오늘의 준비

오늘의 할일을 적어봐요!

일어난 시간	시	분	날씨	☀	⛅	🌧	☂
오늘 꼭! 할일							

오늘의 나와 가장 가까운 답에 O표 하세요!

✦ 오늘의 기분은 어때요?	☐ 좋아요.	☐ 나빠요.	☐ 그냥 그래요.
✦ 아침밥을 먹었나요?		☐ 네.	☐ 아니요.
✦ 친구하고 사이좋게 지내고 있나요?		☐ 네.	☐ 아니요.
✦ 오늘도 힘찬 하루를 보낼 준비 됐나요?		☐ 네.	☐ 아니요.

55 춘하추동

Mon	월	일
🕐	시	분

 소리내 읽기

아래 한자와 내용을 꼼꼼히 소리 내어 3번 읽어 보세요.

춘하추동

春	夏	秋	冬
봄 춘	여름 하	가을 추	겨울 동

뜻 : 봄春 여름夏 가을秋 겨울冬

봄 관련 사자성어 : 낙화유수 (떨어지는 꽃과 흐르는 물) , 마이동풍 (말 귀의 봄바람)

가을 관련 사자성어 : 천고마비(좋은 날씨), 등화가친(등불과 친구가 되는 계절, 책읽기)

겨울 관련 사자성어 : 설상가상(눈 위에 서리가 내림) ➡ 어려운 상황에서 더욱 곤란해짐

 소리내 풀기

1. 흐리게 적힌 글 위에 따라 적고, 옆에 2번 더 깨끗이 적어 보세요.

춘	하	추	동							

2. 위에서 배운 한자의 뜻과 음을 읽으면서 순서에 따라 써 보세요.

一 二 三 声 夫 耒 春 春 春   ノ ノ 千 手 禾 禾 秋 秋

春	春			秋	秋	
봄 춘	봄 춘			가을 추	가을 추	

一 一 一 丆 百 百 百 頁 夏 夏   ノ ク 夕 冬 冬 冬

夏	夏			冬	冬	
여름 하	여름 하			겨울 동	겨울 동	

3. 오늘 배운 한자가 들어간 단어를 배워 봅니다. (한자를 생각하며 천천히 3번 읽어 보세요)

춘추 (春秋) : 봄 춘, 가을 추 ➡ ① 봄과 가을 ② 어른의 나이
① 춘추복(春秋服) : 봄가을에 입는 옷 ② 春秋보다 혈기 왕성하시다.

입하 (立夏) : 설 립, 여름 하 ➡ 음력으로 여름에 들어선다는 날(양력 5월초 정도 됨)
뉴스에서 立夏라고 하더니, 이제 반소매 티를 입어야겠다.

추풍 (秋風) : 가을 추, 바람 풍 ➡ 가을 바람　　　참고 춘풍(春風) ➡ 봄 바람
춘풍으로 남을 대하고, 秋風으로 나를 대하라.(남은 부드럽게 자신은 엄하게)

동지 (冬至) : 겨울 동, 이를 지 ➡ 음력에서 1년중 밤이 제일 긴 날 (양력 12월말 정도 됨)
冬至날은 가족이 모여 밭죽과 찹쌀떡 같은 전통 음식을 먹는 날입니다.

하지 (夏至) : 여름 하, 이를 지 ➡ 음력에서 1년중 낮이 제일 긴 날 (양력 6월 중순)
夏至날은 별로 하는 것이 없다. 그냥 덥고, 낮이 긴 날이다.

4. 춘하추동 중에서 제일 좋아하는 계절과 이유를 적으세요.

tip 지구본에서 본 듯이 조금 기울어져서 지구가 태양을 돌기 때문에 계절이 생기게 됩니다.

나의 생활 일기

잘했다고 생각되면 **5**점
어제의 학업 성취도 : 1　2　3　4　5

| 날짜 | 월 일 요일 | 날씨 | ☀ ☁ ☂ ☃ |
| 일어난 시간 | 시 분 | 잠잔 시간 | 시 분 |

오늘의 point ◀ 오늘 꼭 해야 할 일이나 중요한 일을 적고, 다음날 실천했는지 네모칸에 확인 V 합니다.

1. ☐

2. ☐

3. ☐

월	일
시	분

56 이목구비

아래 한자와 내용을 꼼꼼히 소리 내어 3번 읽어 보세요.

이목구비

耳	目	口	鼻
귀 이	눈 목	입 구	코 비

뜻 : 귀耳 눈目 입口 코鼻

속뜻 : ① 귀, 눈, 입, 코를 아울러 이르는 말 ② 얼굴의 생김새

사용법 : 그놈 참 이목구비가 뚜렷한 게 큰 일할 상이야. 쑥쑥 먹고 건강하게 크렴.

참고 : 이목구비가 뚜렷하다 ➡ 이목구비가 크고 잘생겼다는 말

1. 흐리게 적힌 글 위에 따라 적고, 옆에 2번 더 깨끗이 적어 보세요.

이목구비

2. 위에서 배운 한자의 뜻과 음을 읽으면서 순서에 따라 써 보세요.

쓰는 순서 : 一 丁 下 F 王 耳

耳	耳				
귀 이	귀 이				

쓰는 순서 : 丨 冂 月 目 目

目	目				
눈 목	눈 목				

3. 오늘 배운 한자가 들어간 단어를 배워 봅니다. (한자를 생각하며 천천히 3번 읽어 보세요)

이목 (耳目) : 귀 이, 눈 목 ➜ ① 귀와 눈 ② 남들의 주의와 관심
연수의 청산유수 같은 언변 때문에 사람들의 耳目을 끌었다.

주목 (注目) : 부를 주, 눈 목 ➜ ① 어떤 사물을 주의해서 봄 ② 시선을 모아 봄
선생님께서 注目하라고 하시면, 하던 일을 멈추고 선생님을 보아야 한다.

면목 (面目) : 낯 면, 눈 목 ➜ ① 얼굴의 생김새 ② 상태나 됨됨이 [참고] 진면목 : 진짜 모습
부모님을 볼 面目이 없다. 이제부터는 열심히 해서 진面目을 보여드려야지.

인구 (人口) : 사람 인, 입 구 ➜ ① 사람 수 ② 사람의 입
도시는 人口가 얼마나 많은지에 따라서 특별시, 광역시, 일반시로 나뉜다.

비음 (鼻音) : 코 비, 소리 음 ➜ 코로 내는 소리
鼻音이 섞여 있는 목소리는 듣기 거북하다. 정확한 발음을 하자.

4. 자신의 얼굴 중에 부모님과 닮은 곳을 찾아 적으세요.

tip 내면도 중요하지만, 외모도 중요합니다. 깨끗한 외모가 사람들에게 호감을 얻을 수 있습니다. ☺

오늘의 준비

오늘의 할일을 적어봐요!

일어난 시간	시	분	날씨	☀	⛅	🌧	☃
오늘 꼭! 할일							

오늘의 나와 가장 가까운 답에 O표 하세요!

✦ 오늘의 기분은 어때요?	☐ 좋아요.	☐ 나빠요.	☐ 그냥 그래요.
✦ 아침밥을 먹었나요?		☐ 네.	☐ 아니요.
✦ 친구하고 사이좋게 지내고 있나요?		☐ 네.	☐ 아니요.
✦ 오늘도 힘찬 하루를 보낼 준비 됐나요?		☐ 네.	☐ 아니요.

57 동서남북

아래 한자와 내용을 꼼꼼히 소리 내어 3번 읽어 보세요.

동서남북

東	西	南	北
동녘 동	서녘 서	남녘 남	북녘 북

뜻 : 동東 서西 남南 북北

속뜻 : 모든 방향을 이르는 말임.

사용법 : 동서남북 다 돌아다녀 봐도 내 집만 한 데가 없다.

비슷한 말 : 사방팔방 四方八方 ➡ 4방향 8방향 모든 방향   비슷한 우리말 : 여기저기

1. 흐리게 적힌 글 위에 따라 적고, 옆에 2번 더 깨끗이 적어 보세요.

동서남북

2. 위에서 배운 한자의 뜻과 음을 읽으면서 순서에 따라 써 보세요.

쓰는 순서 : 一 十 广 卞 丙 丙 南 南 南

南	南				
남녘 남	남녘 남				

쓰는 순서 : 丨 ㅓ ㅓ 차 北

北	北				
북녘 북	북녘 북				

3. 오늘 배운 한자가 들어간 단어를 배워 봅니다. (한자를 생각하며 천천히 3번 읽어 보세요)

남산 (南山) : 남녘 남, 뫼 산 ➡ ① 남쪽에 있는 산 ② 서울 중간에 있는 산이름
하늘이 맑으니 <u>南山</u>이 손에 잡힐 듯 가깝게 보인다.

남하 (南下) : 남녘 남, 아래 하 ➡ ① 남쪽으로 내려감 ② 남쪽으로 진출함
장마 전선의 <u>南下</u>로 중부 지방은 화창하고, 남부 지방은 폭우가 예상됩니다.

강남 (江南) : 강 강, 남녘 남 ➡ ① 강의 남쪽 ② 따뜻한 남쪽 나라 ③ 서울 한강 밑 지역
친구 따라 <u>江南</u> 간다. (가까운 사람 때문에 싫은 일을 덩달아 하게 된다.)

북방 (北方) : 북녘 북, 모 방 ➡ 북쪽, 북쪽 지방
북쪽의 나라와 관계를 개선하거나 침략하려는 것을 <u>北方</u>정책이라고 한다.

동북 (東北) : 동녘 동, 북녘 북 ➡ ① 동쪽과 북쪽 모두 ② 동쪽과 북쪽의 중간
강원도는 우리나라 지도에서 <u>東北</u>쪽에 위치하고 있다.

4. 우리집은 대전역을 중심으로 어느 방면으로 얼마나 떨어져 있는지 적으세요.

tip 지구의 중간으로 갈 수록 더워지고, 남쪽이나 북쪽으로 갈수록 태양과 멀어지기 때문에 추워 집니다. ☺

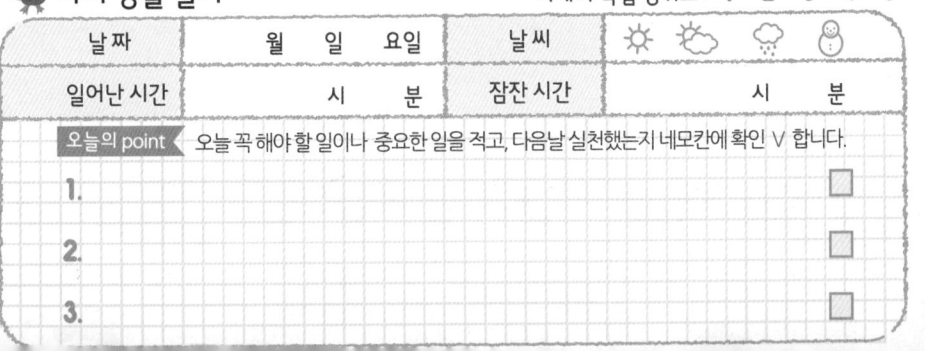

아래 한자와 내용을 꼼꼼히 소리 내어 3번 읽어 보세요.

호형호제

呼 兄 呼 弟
부를 호   형 형   부를 호   아우 제

뜻 : 형이라 兄 부르고 呼, 아우라고 弟 부른다 呼

속뜻 : 썩 가까운 벗의 사이에 형이니 아우니 하고 서로 부르는 것

사용법 : 수현이와 나는 호형호제하며 친형제보다 더 가깝게 지냈다.

참고 : 죽마고우 竹馬故友 (어릴때의 친구)와는 조금 다른 뜻입니다.

1. 흐리게 적힌 글 위에 따라 적고, 옆에 2번 더 깨끗이 적어 보세요.

호	형	호	제					

2. 위에서 배운 한자의 뜻과 음을 읽으면서 순서에 따라 써 보세요.

쓰는 순서 : `丶 丷 ㅁ ㅁ 兄`

兄	兄			
형 **형**	형 **형**			

쓰는 순서 : `丶 丷 ㅛ ㅛ 弟 弟`

弟	弟			
아우 **제**	아우 **제**			

3. 오늘 배운 한자가 들어간 단어를 배워 봅니다. (한자를 생각하며 천천히 3번 읽어 보세요)

형부 (兄夫) : 형 兄, 지아비 夫 ➜ 언니의 남편　　참고 매형(妹兄) ➜ 누나의 남편
　　　　북한에서는 兄夫를 아저씨라고 부른다.

형제 (兄弟) : 형 兄, 아우 弟 ➜ 형과 아우　　참고 자매(姉妹) ➜ 여자끼리의 형제
　　　　형은 동생을 위하고, 동생도 형을 위하는 마음이 兄弟애이다.

학부형 (學父兄) : 배울 學, 아버지 父, 형 兄 ➜ 학생의 아버지나 형(보호자)
　　　　자기 자식이 학교에 들어가게 되면 學父兄이 된다.

제자 (弟子) : 아우 弟, 아들 子 ➜ 스승으로 부터 가르침을 받는 사람
　　　　자식에 대해서는 부모가 가장 잘 알고, 弟子에 대해서는 스승이 잘 안다.

자제 (子弟) : 아들 子, 아우 弟 ➜ ① 남의 아들의 높임말 ② 남의 집안의 젊은 사람
　　　　누구 집 子弟인데 이렇게 잘 생겼을꼬... 역시 우리 아들이야!

4. 형제자매 같이 지내고 싶은 친구가 있으면 이름을 적고, 이유도 적으세요.

tip 먼 친척보다 가까운 이웃이 좋다는 말이 있습니다. 주위 사람과 좋은 관계를 유지하세요. :)

오늘의 준비
오늘의 할일을 적어봐요!

일어난 시간	시　　분	날씨	☀ ⛅ 🌧 ☃
오늘 꼭! 할 일			

오늘의 나와 가장 가까운 답에 O표 하세요!

✦ 오늘의 기분은 어때요?　　☐ 좋아요.　☐ 나빠요.　☐ 그냥 그래요.
✦ 아침밥을 먹었나요?　　☐ 네.　☐ 아니요.
✦ 친구하고 사이좋게 지내고 있나요?　　☐ 네.　☐ 아니요.
✦ 오늘도 힘찬 하루를 보낼 준비 됐나요?　　☐ 네.　☐ 아니요.

59 대한민국

월 일
시 분

아래 한자와 내용을 꼼꼼히 소리 내어 3번 읽어 보세요.

대한민국

大 韓 民 國
클 대 한국 한 백성 민 나라 국

뜻 : 큰大 한국으로써韓 국민을民 위한 나라國 (우리나라 정식 이름입니다.)

속뜻 : 국민이 나라를 다스리는 위대한 한민족의 국가라는 뜻을 가지고 있습니다.

다른 나라 이름 : 중국 中國 ➡ 세상의 중간에 있는 나라라는 뜻을 가지고 있습니다.

일본 日本 ➡ 태양이 뜨는 근본(곳)이라는 뜻을 가지고 있습니다.

---

1. 흐리게 적힌 글 위에 따라 적고, 옆에 2번 더 깨끗이 적어 보세요.

대한민국

2. 위에서 배운 한자의 뜻과 음을 읽으면서 순서에 따라 써 보세요.

쓰는 순서 : 一 ナ 大

大	大				
클 **대**	클 대				

쓰는 순서 : ⌐ ⌐ ⼎ 尸 民

民	民				
백성 **민**	백성 민				

3. 오늘 배운 한자가 들어간 단어를 배워 봅니다. (한자를 생각하며 천천히 3번 읽어 보세요)

한일 (韓日) : 한국 한, 날 일 ➜ 한국(韓國)과 일본(日本)
축구 韓日전만큼 재미있는 것은 없는 것 같다. 대~한민국 !! !! !

한미 (韓美) : 한국 한, 아름다울 미 ➜ 한국(韓國)과 미국(美國)
지금까지 韓美관계는 서로 도움을 주고받는 우호적인 관계였다.

국민 (國民) : 나라 국, 백성 민 ➜ 한 나라에 등록되어 나라를 구성하는 사람
國民은 권리와 의무를 다 하여야 한다.

국가 (國歌) : 나라 국, 노래 가 ➜ 한 나라를 대표하고 상징하는 노래
우리나라 國歌는 애국가이고, 일본강점기부터 불렸다.

국화 (國花) : 나라 국, 꽃 화 ➜ 한 나라를 대표하고 상징하는 꽃
우리나라 國花는 무궁화이고, 잘 시들지 않는 우리의 민족성을 반영하였다.

4. 우리나라에서 태어나서 좋은 점을 적어 보세요.

tip 어떤 일을 할 때 핑계를 생각하지 말고, 어떻게 할지 생각하세요. 하려는 의지가 있으면 이루게 됩니다.

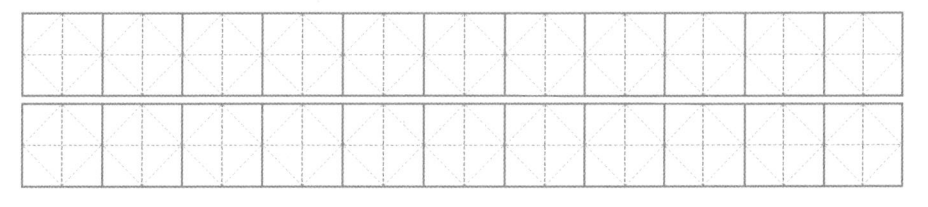

나의 생활 일기

잘했다고 생각되면 **5**점
어제의 학업 성취도 : **1 2 3 4 5**

날짜	월 일 요일	날씨	☀ ⛅ 🌧 ☃
일어난 시간	시 분	잠잔 시간	시 분

오늘의 point ◀ 오늘 꼭 해야 할 일이나 중요한 일을 적고, 다음날 실천했는지 네모칸에 확인 ∨ 합니다.

1. ☐

2. ☐

3. ☐

1. 아래 사자성어의 음을 밑에 적으세요.

소리내
풀기

朝夕供養   以羊易牛   先行後教

八方美人   春夏秋冬   耳目口鼻

東西南北   兄弟姉妹   大韓民國

2. 아래 사자성어와 올바른 음과 관련 있는 뜻을 연결하세요. (자를 대고 연결하세요)

朝夕供養 ·   · 학교 갈때와 다녀 왔을때 인사함 ·   · 조석공양

以羊易牛 ·   · 안 좋은 것으로 좋은 것을 바꿈 ·   · 이양역우

先行後教 ·   · 역사를 학생들에게 가르침 ·   · 선행후교

八方美人 ·   · 재주가 아주 많음. ·   · 팔방미인

春夏秋冬 ·   · 4계절(봄 여름 가을 겨울) ·   · 춘하추동

耳目口鼻 ·   · 귀 눈 입 코 ·   · 이목구비

東西南北 ·   · 4방향(동 서 남 북) ·   · 동서남북

兄弟姉妹 ·   · 형 동생 손위누이 아래누이 ·   · 형제자매

大韓民國 ·   · 우리나라 이름 ·   · 대한민국

3. 다음 한자의 훈(뜻)과 음(소리)을 적으세요.

朝 　　　　　美 　　　　　教

夕 　　　　　人 　　　　　牛

先 　　　　　大 　　　　　國

4. 아래 단어의 올바른 음과 뜻을 연결하세요.

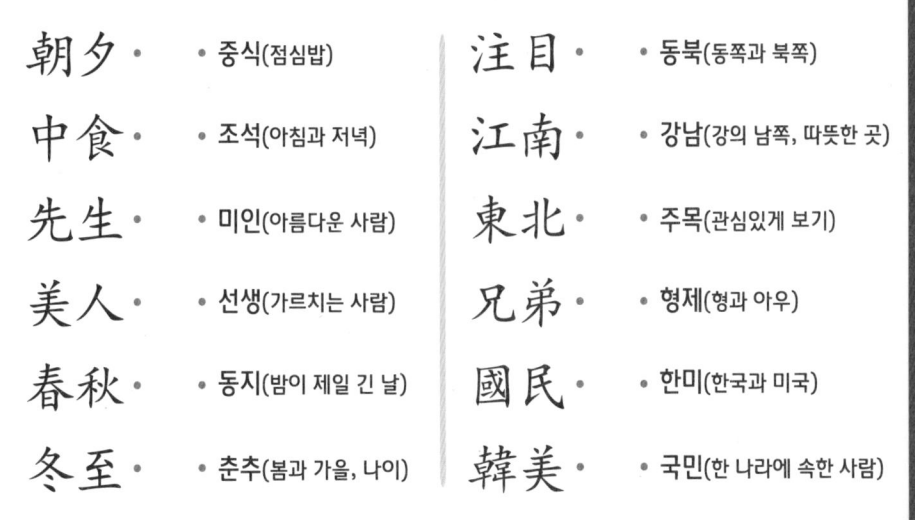

朝夕・　・중식(점심밥)

中食・　・조석(아침과 저녁)

先生・　・미인(아름다운 사람)

美人・　・선생(가르치는 사람)

春秋・　・동지(밤이 제일 긴 날)

冬至・　・춘추(봄과 가을, 나이)

注目・　・동북(동쪽과 북쪽)

江南・　・강남(강의 남쪽, 따뜻한 곳)

東北・　・주목(관심있게 보기)

兄弟・　・형제(형과 아우)

國民・　・한미(한국과 미국)

韓美・　・국민(한 나라에 속한 사람)

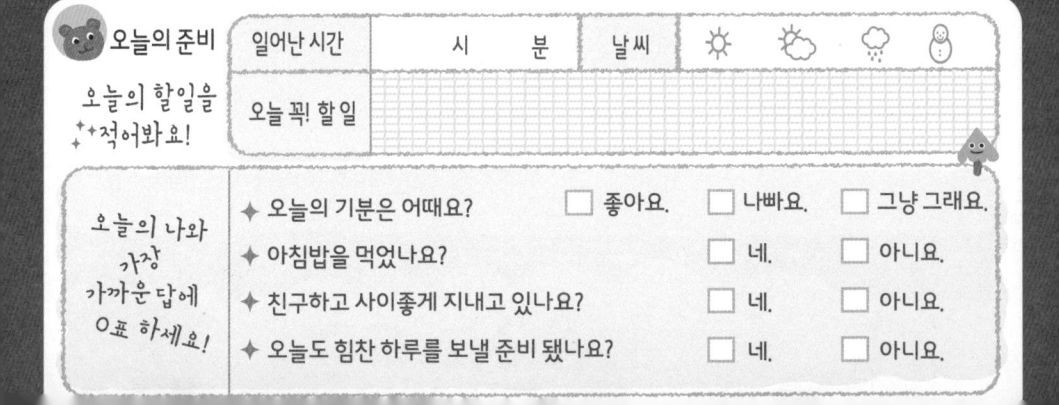

오늘의 준비 | 일어난 시간 | 시 　 분 | 날씨 | ☀ 🌤 🌧 ⛄

오늘의 할일을 적어봐요! | 오늘 꼭! 할일 |

오늘의 나와 가장 가까운 답에 O표 하세요!

✦ 오늘의 기분은 어때요? ☐ 좋아요. ☐ 나빠요. ☐ 그냥 그래요.

✦ 아침밥을 먹었나요? ☐ 네. ☐ 아니요.

✦ 친구하고 사이좋게 지내고 있나요? ☐ 네. ☐ 아니요.

✦ 오늘도 힘찬 하루를 보낼 준비 됐나요? ☐ 네. ☐ 아니요.

훈과 음을 가리고 한자만 보고 소리내 읽어 보세요.

一	한 일	日	날 일	學	배울 학
二	두 이	年	해 년	校	학교 교
三	석 삼	東	동녘 동	韓	한국 한
四	넉 사	西	서녘 서	國	나라 국
五	다섯 오	南	남녘 남	民	백성 민
六	여섯 륙	北	북녘 북	軍	군사 군
七	일곱 칠	父	아버지 부	先	먼저 선
八	여덟 팔	母	어머니 모	生	날 생
九	아홉 구	兄	맏 형	敎	가르칠 교
十	열 십	弟	아우 제	室	방 실
萬	일만 만	女	아자 녀	外	밖 외
月	달 월	白	흰 백	人	사람 인
火	불 화	靑	푸를 청	山	메 산
水	물 수	大	큰 대	長	긴 장
木	나무 목	中	가운데 중	門	문 문
金	쇠 금	小	작을 소	寸	마디 촌
土	흙 토	王	임금 왕		

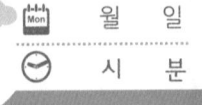

📎 훈과 음을 가리고 한자만 보고 소리내 읽어 보세요.

家	집 가	答	대답 답	物	물건 물
歌	노래 가	道	길 도	放	놓을 방
間	사이 간	冬	겨울 동	百	일백 백
江	물 강	動	움직일 동	夫	지아비 부
車	수레 거	同	한가지 동	分	나눌 분
工	장인 공	洞	골 동	不	아니 불
口	입 구	來	올 래	事	일 사
氣	기운 기	力	힘 력	上	윗 상
記	기록할 기	老	늙을 로	色	빛 색
男	사내 남	里	마을 리	夕	저녁 석
內	안 내	林	수풀 림	姓	성 성
空	빌 공	立	설 립	世	세상 세
農	농사 농	面	낯 면	所	바 소
登	오를 등	名	이름 명	數	셈 수
每	매양 매	命	명할 명	手	손 수
方	모 방	文	글월 문	時	때 시
算	셈 산	問	물을 문	市	저자 시

훈과 음을 가리고 한자만 보고 소리내 읽어 보세요.

食	밥 식	子	아들 자	草	풀 초
植	심을 식	字	글자 자	村	마을 촌
安	편안 안	場	마당 장	秋	가을 추
語	말씀 어	全	온전 전	春	봄 춘
然	그러할 연	電	번개 전	出	날 출
午	낮 오	正	바를 정	花	꽃 화
右	오른 우	朝	아침 조	平	평평할 평
有	있을 유	祖	할아버지 조	話	말씀 화
少	적을 소	足	발 족	活	살 활
心	마음 심	主	주인 주	孝	효도 효
育	기를 육	住	머무를 주	化	될 화
前	앞 전	重	무거울 중	下	아래 하
左	왼 좌	地	땅 지	夏	여름 하
天	하늘 천	紙	종이 지	漢	한강 한
邑	고을 읍	直	곧을 직	海	바다 해
入	들 입	川	내 천	後	뒤 후
自	스스로 자	千	일천 천	休	쉴 휴

(50문항, 시험시간 50분)
실제 시험 문제와 다소 다를 수도 있습니다.
한국어문회 출제경향 반영, 35문항이상 합격

1. 다음 글을 읽고 밑줄 친 한자의 독음(읽는 소리)를 쓰시오(1~15)

靑(1)군과 白(2)군으로 나누어 운동회를 하였습니다. 하늘에는 萬(3)國(4)기가 펄럭이고, 父(5)母(6)님도 오셔서 구경하였습니다. 달리기를 하여 一(7)등부터 三(8)등까지 상을 주었습니다. 女(9)學(10)生(11)은 先(12)생님과 함께 이어달리기를 하였습니다. 六(13)학年(14) 兄(15)들은 씨름을 하였습니다.

(1) 靑   (2) 白   (3) 萬

(4) 國   (5) 父   (6) 母

(7) 一   (8) 三   (9) 女

(10) 學   (11) 生   (12) 先

(13) 六   (14) 年   (15) 兄

2. 다음 한자의 훈(뜻)과 음(소리)을 쓰시오 (16~20)

(16) 大   (   )

(17) 王   (   )

(18) 火   (   )

(19) 九   (   )

(20) 敎   (   )

3. (   )에서 알맞은 한자를 <보기>에서 찾아 그 번호를 쓰시오 (21~30)

〈보기〉				
① 校	② 中	③ 二	④ 南	⑤ 金
⑥ 北	⑦ 韓	⑧ 山	⑨ 軍	⑩ 民

(21) 쇠 (   )   (22) 메 (   )

(23) 남녘 (   )   (24) 백성 (   )

(25) 북녘 (   )   (26) 가운데 (   )

(27) 나라/한국 (   )   (28) 군사 (   )

(29) 둘 (   )   (30) 학교 (   )

4. 다음 글을 읽고 밑줄 친 말에 해당하는 한자를 <보기>에서 찾아 그 번호를 쓰시오.(31~40)

〈보기〉				
① 木	② 小	③ 外	④ 水	⑤ 門
⑥ 人	⑦ 弟	⑧ 室	⑨ 東	⑩ 日

가. 동쪽(31) 하늘에서 해(32)가 떴습니다.
나. 나무(33)에 작은(34) 꽃이 피었습니다.
다. 바깥(35)에서 물(36)소리가 들립니다.
라. 문(37) 너머로 사람(38)들이 보입니다.
다. 귀여운 아우(39)가 방(40)안에서 낮잠을 잡니다.

(31) 동쪽 (   )   (32) 해 (   )

(33) 나무 (   )   (34) 작은 (   )

(35) 바깥 (   )   (36) 물 (   )

(37) 문 (   )   (38) 사람 (   )

(39) 아우 (   )   (40) 방,집 (   )

5. 다음 한자의 훈(뜻)이나 음(소리)을 <보기>
에서 찾아 그 번호를 쓰시오(41~48)

〈보기〉
① 사 ② 달 ③ 다섯 ④ 촌
⑤ 팔 ⑥ 일곱 ⑦ 흙 ⑧ 십

(41) 土 (   )   (42) 八 (   )
(43) 月 (   )   (44) 四 (   )
(45) 十 (   )   (46) 五 (   )
(47) 寸 (   )   (48) 七 (   )

6. 다음 한자의 ⓐ 획의 쓰는 순서를 아래에서
골라 그 번호를 쓰시오 (화살표는 ⓐ 획의 위치
와 더불어 획을 쓰는 방향을 나타냅니다.

(49)
① 첫 번째   ② 두 번째
③ 세 번째   ④ 네 번재

(50)
① 두 번째   ② 세 번째
③ 네 번째   ④ 다섯 번재

(정답)
(1) 청 (2) 백 (3) 만 (4) 국 (5) 부 (6) 모
(7) 일 (8) 삼 (9) 여/녀 (10) 학 (11) 생
(12) 선 (13) 육 (14) 년 (15) 형
(16) 클 대 (17) 임금 왕 (18) 불 화 (19) 아홉 구
(20) 가르칠 교
(21) ⑤ (22) ⑧ (23) ④ (24) ⑩ (25) ⑥
(26) ② (27) ⑦ (28) ⑨ (29) ③ (30) ①
(31) ⑨ (32) ⑩ (33) ① (34) ② (35) ③
(36) ④ (37) ⑤ (38) ⑥ (39) ⑦ (40) ⑧
(41) ⑦ (42) ⑤ (43) ② (44) ① (45) ⑧
(46) ③ (47) ④ (48) ⑥
(49) ① (50) ②

자세한 시험요강은
한자능력검정(한국어문회 www.hanja.re.kr)
한자자격검정(한자교육진흥원),한자급수자격검정
(대한검정회),실용한자(한구구외국어평가원)에서
확인하세요.

35문항 이상 득점을 하면 합격입니다.

아래 사자성어를 한글로 적고 뜻을 소리내어 말해보세요.

一石二鳥	父子有親
三寒四溫	一夫多妻
三三五五	男女有別
七顚八起	自己滿足
十中八九	身土不二
九死一生	竹馬交友
大同小異	魚東肉西
有口無言	單刀直入
莫上莫下	自手成家
百年偕老	子母之心
天高馬肥	金枝玉葉
電光石火	無主空山
東西古今	左之右之

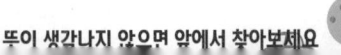

뜻이 생각나지 않으면 앞에서 찾아보세요

아래 사자성어를 한글로 적고 뜻을 소리내어 말해보세요.

學行一致	不息之工
我田引水	因果應報
熱血男兒	全力投球
集中豪雨	一木一草
白衣從軍	文房四友
黑白論理	四面楚歌
晝夜長川	朝夕供養
門前成市	以羊易牛
生年月日	先行後敎
一瀉千里	八方美人
內聖外王	春夏秋冬
出嫁外人	耳目口鼻
靑山流水	呼兄呼弟

뜻이 생각나지 않으면 앞에서 찾아보세요

memo

월 일

요일 Mon

⊖ 시 곰

하루를 준비하는
아침 5분 논술
사자성어편 초급 **정답**

一部 —— 일부(전체의 한부분)	地下		일시(잠시,한때,한동안)
三者 —— 삼자(관계없는 사람)	有名		팔자(사람의 한평생)
六甲 —— 육갑(안좋은 남의 언행)	生死		천하(하늘아래 온세상)
十分 —— 십분(충분히,부족함없이)	天下		생사(살과 죽음)
學生 —— 학생(학교다니는 사람)	八字		유명(널이 알려진)
大門 —— 대문(큰문, 집의 정문)	一時		지하(땅밑, 땅속)

공통 4번 서술형 문제의 답은 정확한 답이 없습니다.
자기가 생각하는 것을 말이 되게 잘 표현하였으면
맞는 답 입니다. 편한 마음으로 생각해보고 자신있게
적어보세요. 가능한 많이 적도록 노력해 보세요.

20 연습문제〈2〉

1. 아래 사자성어의 음을 밑에 적으세요.

百年偕老　天高馬肥　電光石火
백년해로　천고마비　전광석화

東西古今　父子有親　一夫多妻
동서고금　부자유친　일부다처

男女有別　自己満足　身土不二
남녀유별　자기만족　신토불이

10 연습문제〈1〉

1. 아래 사자성어의 음을 밑에 적으세요.

一石二鳥　三寒四温　三三五五
일석이조　삼한사온　삼삼오오

七戰八起　十中八九　九死一生
칠전팔기　십중팔구　구사일생

大同小異　有口無言　莫上莫下
대동소이　유구무언　막상막하

2. 아래 사자성어와 관련 있는 뜻과 올바른 음을 연결하세요. (자를 대고 연결하세요)

一石二鳥	한번에 두가지를 얻음	일석이조
三寒四温	우리나라 겨울 날씨	삼한사온
三三五五	여러명씩 모여 즐겁게 있는 모습	삼삼오오
七戰八起	결국 일어서서 성공함	칠전팔기
十中八九	대부분, 10개(명) 중 9개(명)	십중팔구
九死一生	어렵게 살아남, 밀을 어렵게 넘김	구사일생
大同小異	큰 차이 없이 거의 같음	대동소이
有口無言	말을 못하고 있는 모습	유구무언
莫上莫下	더 좋은것이 무엇인지 모름	막상막하

2. 아래 사자성어와 올바른 음과 관련 있는 뜻을 연결하세요. (자를 대고 연결하세요)

身土不二	사람과 자연은 하나다. 환경보호	백년해로
自己満足	내가 제일 이뻐	천고마비
男女有別	남자와 여자는 다르다	전광석화
一夫多妻	한 남자가 여러 아내를 거느림	동서고금
父子有親	부모와 자식은 친해야 된다.	부자유친
東西古今	예전부터 지금까지	일부다처
電光石火	번개와 콩 볶아 먹듯이	남녀유별
天高馬肥	우리나라 가을 날씨	자기만족
百年偕老	결혼해서 한평생 행복하게 살	신토불이

3. 다음 한자의 훈(뜻)과 음(소리)을 적으세요.

天 하늘 천	火 불 화	男 사내 남
高 높을 고	父 아버지 부	女 여자 여
石 돌 석	子 아들 자	土 흙 토

3. 다음 한자의 훈(뜻)과 음(소리)을 적으세요.

四 넉 사	七 일곱 칠	十 열 십
五 다섯 오	八 여덟 팔	大 클 대
六 여섯 육	九 아홉 구	小 작을 소

4. 아래 단어의 올바른 음과 뜻을 연결하세요.

百方	남매(오라비와 누이)	工夫	조부(할아버지)
老少	제자(후배)	出身	장족(갑자기 많은 발전)
高手	동방(동북방면)	長足	출신(어느 곳에서 태어남)
東方	고수(경지에 오른 사람)	祖父	공부(학문을 닦음)
弟子	노소(늙은이와 젊은이)	玉石	천하(하늘아래)
男妹	백방(여러방면으로)	天下	옥석(좋은 것과 나쁜 것)

4. 아래 단어의 올바른 음과 뜻을 연결하세요.

30 확인문제⟨3⟩

1. 아래 사자성어의 음을 밑에 적으세요.

竹馬交友 죽마교우   魚東肉西 어동육서   單刀直入 단도직입

自手成家 자수성가   子母之心 자모지심   金枝玉葉 금지옥엽

無主空山 무주공산   左之右之 좌지우지   學行一致 학행일치

2. 아래 사자성어와 올바른 음과 관련 있는 뜻을 연결하세요. (자를 대고 연결하세요)

竹馬交友 — 배운대로 행동해라 — 죽마교우
魚東肉西 — 어릴때 친하게 놀던 친구 — 어동육서
單刀直入 — 생선은 동쪽에 소고기는 서쪽에 — 단도직입
自手成家 — 요점만 말하면 — 자수성가
子母之心 — 혼자 성공한 사람 — 자모지심
金枝玉葉 — 어머니의 마음 — 금지옥엽
無主空山 — 아주 귀한 자녀 — 무주공산
左之右之 — 임자 없는 땅 — 좌지우지
學行一致 — 다른 사람을 마음대로 조정함 — 학행일치

3. 다음 한자의 훈(뜻)과 음(소리)을 적으세요.

學 배울 학   自 스스로 자   玉 구슬 옥
行 행동 행   心 마음 심   主 주인 주
刀 칼 도   左 왼 좌   右 오른쪽 우

4. 아래 단어의 올바른 음과 뜻을 연결하세요.

學力 — 금품(돈과 물건)
金品 — 학력(배움의 힘)
母女 — 자력(혼자의 힘으로)
自力 — 모녀(엄마와 딸)
入場 — 대어(큰 물고기)
大魚 — 입장(마당에 들어옴)

主力 — 주력(중요한 힘)
見學 — 하산(산을 내려감)
下山 — 견학(보고 배우기)
人心 — 유입(흘러서 들어옴)
流入 — 인심(남을 배려하는 마음)
肉身 — 육신(몸 전체)

40 확인문제⟨4⟩

1. 아래 사자성어의 음을 밑에 적으세요.

我田引水 아전인수   熱血男兒 열혈남아   集中豪雨 집중호우

白衣從軍 백의종군   黑白論理 흑백논리   晝夜長川 주야장천

門前成市 문전성시   生年月日 생년월일   一瀉千里 일사천리

2. 아래 사자성어와 올바른 음과 관련 있는 뜻을 연결하세요. (자를 대고 연결하세요)

我田引水 — 유명한 식당에 문앞에 줄 선 손님 — 문전성시
白衣從軍 — 바라는 마음없이 처음마음으로 — 백의종군
門前成市 — 자기 논에만 물 주기 — 아전인수
熱血男兒 — 태어난 년 월 일 — 생년월일
黑白論理 — 모 아니면 도 — 흑백논리
生年月日 — 혈기 넘치는 남자 — 열혈남아
集中豪雨 — 일이 막힘없이 술술 처리됨 — 일사천리
晝夜長川 — 밤낮 쉼없이 — 주야장천
一瀉千里 — 집중해서 많이오는 비 — 집중호우

3. 다음 한자의 훈(뜻)과 음(소리)을 적으세요.

田 밭 전   中 가운데 중   白 흰 백
水 물 수   雨 비 우   長 길 장
門 문 문   軍 군사 군   川 내 천

4. 아래 단어의 올바른 음과 뜻을 연결하세요.

生水 — 출혈(피가 남, 손해를 봄)
出血 — 생수(맑은 물)
手中 — 전원(도시에 떨어진 시골)
田園 — 수중(손 안에, 손 중에)
國軍 — 국군(나라를 지키군 군대)
自白 — 자백(스스로 고백함)

長文 — 하천(강과 시내)
河川 — 장문(긴 글)
前後 — 명문(이름나고 훌륭한 가문)
名門 — 전후(앞과 뒤)
平年 — 평년(별다른 것없는 해)
千金 — 천금(아주 귀한 물건)

1. 아래 사자성어의 음을 밑에 적으세요.

內聖外王
내 성 외 왕

出嫁外人
출 가 외 인

青山流水
청 산 유 수

不息之工
불 식 지 공

因果應報
인 과 응 보

全力投球
전 력 투 구

一木一草
일 목 일 초

文房四友
문 방 사 우

四面楚歌
사 면 초 가

2. 아래 사자성어와 올바른 음과 관련 있는 뜻을 연결하세요. (자를 대고 연결하세요)

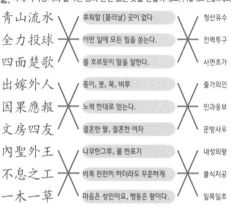

青山流水 — 물 흐르듯이 말을 잘한다. — 청산유수
全力投球 — 어떤 일에 모든 힘을 쏟는다. — 전력투구
四面楚歌 — 후퇴할 (물러날) 곳이 없다 — 사면초가
出嫁外人 — 결혼한 딸, 결혼한 여자 — 출가외인
因果應報 — 노력 한대로 얻는다. — 인과응보
文房四友 — 종이, 붓, 먹, 벼루 — 문방사우
內聖外王 — 마음은 성인이요, 행동은 왕이다. — 내성외왕
不息之工 — 비록 천천히 하더라도 꾸준하게 — 불식지공
一木一草 — 나무한그루, 풀 한포기 — 일목일초

3. 다음 한자의 훈(뜻)과 음(소리)을 적으세요.

內 안 내　工 장인 공　草 풀 초
外 바깥 외　力 힘 력　文 글월 문
不 아닐 불　木 나무 목　友 벗 우

4. 아래 단어의 올바른 음과 뜻을 연결하세요.

校內　　　　공부(학문을 닦는 일)
外出　　　　불시(갑자기)
青春 ─── 청춘(활기차고 젊은 시기)
交流　　　　외출(나들이)
不時　　　　교내(학교 안)
工夫　　　　교류(서로 섞여 교환함)

成果　　　　가수(노래부르는 직업)
全力　　　　우정(친구 간의 정)
花草　　　　식목(나무 심기)
植木　　　　화초(예쁘기만 한 꽃과 나무)
友情　　　　전력(온 힘, 모든 힘)
歌手　　　　성과(일의 좋은 마무리,결과)

1. 아래 사자성어의 음을 밑에 적으세요.

朝夕供養
조 석 공 양

以羊易牛
이 양 역 우

先行後教
선 행 후 교

八方美人
팔 방 미 인

春夏秋冬
춘 하 추 동

耳目口鼻
이 목 구 비

東西南北
동 서 남 북

兄弟姊妹
형 제 자 매

大韓民國
대 한 민 국

2. 아래 사자성어와 올바른 음과 관련 있는 뜻을 연결하세요. (자를 대고 연결하세요)

朝夕供養 ─── 학교 갈때마다 다녀 왔을때 인사함 ─── 조석공양
以羊易牛 ─── 안 좋은 것으로 좋은 것을 바꿈 ─── 이양역우
先行後教 ─── 역사를 학생들에게 가르침 ─── 선행후교
八方美人 ─── 재주가 아주 많음. ─── 팔방미인
春夏秋冬 ─── 4계절(봄 여름 가을 겨울) ─── 춘하추동
耳目口鼻 ─── 귀 눈 입 코 ─── 이목구비
東西南北 ─── 4방향(동 서 남 북) ─── 동서남북
兄弟姊妹 ─── 형 동생 손위누이 아래누이 ─── 형제자매
大韓民國 ─── 우리나라 이름 ─── 대한민국

3. 다음 한자의 훈(뜻)과 음(소리)을 적으세요.

朝 아침 조　美 아름다울 미　教 가르칠 교
夕 저녁 석　人 사람 인　牛 소 우
先 먼저 선　大 클 대　國 나라 국

4. 아래 단어의 올바른 음과 뜻을 연결하세요.

朝夕　　　　중식(점심밥)
中食　　　　조석(아침과 저녁)
先生　　　　미인(아름다운 사람)
美人　　　　선생(가르치는 사람)
春秋　　　　동지(밤이 제일 긴 날)
冬至　　　　춘추(봄과 가을, 나이)

注目　　　　동북(동쪽과 북쪽)
江南　　　　강남(강의 남쪽, 따뜻한 곳)
東北　　　　주목(관심있게 보기)
兄弟 ─── 형제(형과 아우)
國民　　　　한미(한국과 미국)
韓美　　　　국민(한 나라에 속한 사람)

~ 수고하셨습니다. ~

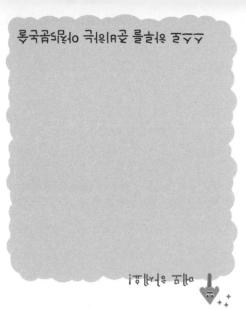

좋아요 하트를 공부하는 아이에게 주세요

마음을 읽어주는!

사자아빠 좋은 꿈꾸세요 안녕